W

Ramón Santelices Tello

Wohnungsbau - genossenschaften

Mittel zur Überwindung der Armut

ScienciaScripts

This book is a translation from the original published under ISBN 978-620-4-75277-8.

Publisher:
Sciencia Scripts
is a trademark of
Dodo Books Indian Ocean Ltd. and OmniScriptum S.R.L publishing group

120 High Road, East Finchley, London, N2 9ED, United Kingdom
Str. Armeneasca 28/1, office 1, Chisinau MD-2012, Republic of Moldova, Europe
Printed at: see last page
ISBN: 978-620-5-83576-0

WOHNUNGSBAUGENOSSENSCHAFTEN - MITTEL ZUR ÜBERWINDUNG DER ARMUT

Name des Autors Ramón Santelices Tello

Übersetzer: Caroline Escher Brockie

Vorwort

Dieser Aufsatz enthält drei Vorträge, die ich kürzlich auf internationalen Konferenzen zur Kooperationsforschung gehalten habe, die zwischen Dezember 2021 und November 2022 im Rahmen der Aktivitäten der International Cooperative Alliance (ICA) stattfanden.

Sie wurden aus der philosophischen Perspektive der Probanden entwickelt, wobei in die hermeneutische Analyse der untersuchten Phänomene Merkmale einfließen, die die in 60 Jahren beruflicher Tätigkeit bei der Verwaltung von Wohnungsgenossenschaften im privaten und öffentlichen, lokalen und internationalen Sektor erworbene Praxis einbeziehen.

Die Beiträge werden in dieser Zusammenstellung in separaten Kapiteln vorgestellt. Ihr Hauptziel ist es, mit der aktuellen Vertretung großer Wohnungsbaugenossenschaften am selben Standort in Chile zu untersuchen, inwieweit einige der sieben ethischen Genossenschaftsprinzipien und -konzepte, die ihnen Bedeutung verleihen und in der Weltorganisation, die sie zusammenfasst, definiert sind, eingehalten bzw. angewendet werden.

Ich möchte darauf hinweisen, dass der in jedem Fall beschriebene Sinn universell gültig ist, nicht aber die besonderen Merkmale seiner Vermittlung, auch wenn Zufälle zu beobachten sind, die es ermöglichen, sie als kooperativ zu identifizieren und ihre Schwächen und die notwendigen Anpassungen aufzuzeigen, um ihre Anerkennung als solche *zu verbessern*.

Das erste Kapitel "Wohnungsbaugenossenschaften - Mittel zur Überwindung der Armut" ist ein Papier, das auf der von ICA und Africa Cooperatives Institute of SA Co-operative LTD im November 2022 in Johannesburg veranstalteten Konferenz über Genossenschaften und die Solidarwirtschaft vorgestellt wurde. Es ist eine Analyse der engen Beziehung zwischen dem siebten genossenschaftlichen Grundsatz *"Sorge für die Gemeinschaft". Genossenschaften setzen sich für die nachhaltige Entwicklung ihrer Gemeinschaften durch eine von ihren Mitgliedern gebilligte Politik ein."* (ICA, 2015, 91) und dem ersten SDG der Agenda 2030, der *"Überwindung der Armut".*

Die Beschreibung einiger allgemeiner Daten zur Information des Lesers über die Zusammensetzung der lokalen sozioökonomischen Merkmale und eine Beschreibung der multidimensionalen Bedeutung des Phänomens der Armut sowie die Ergebnisse einer speziell für diese Arbeit durchgeführten Ad-hoc-Befragung von Nutzermitgliedern bringen wichtige Elemente auf den Tisch, um die Frage zu beantworten, ob große Wohnungsbaugenossenschaften (offen, in der lokalen Nomenklatur) durch ihre Tätigkeit Agenten sind, die dazu beitragen, dass die Genossenschaften das erste SDG der Agenda 2030 zur Überwindung der Armut und das oben genannte siebte genossenschaftliche Prinzip erfüllen. Die Armen sind Subjekte der Genossenschaft, sowohl als Akteure als auch als Ziele.

Das zweite Kapitel "Wohnungsbaugenossenschaften in Chile, genossenschaftliche Grundsätze und SDG" ist ein Vortrag, den ich auf der Europäischen Forschungskonferenz in Athen im Rahmen des ICA-Programms, des CCR und der Panteion-Universität für Sozial- und Politikwissenschaften im Juli 2022 mit dem Hauptthema "Rethinking cooperatives: From local to global and from the past to the future".

Ich werfe einen analytischen Blick auf einige Grundsätze und ihre Bedeutung in großen Wohnungsbaugenossenschaften in Chile, wobei ich davon ausgehe, dass die Schwierigkeiten in einer Gesellschaft, die die Eigenkapitalrendite in den Vordergrund stellt und die wirtschaftliche Entwicklung und das Wachstum über alle anderen Interessen stellt, nicht das günstigste Umfeld für die Existenz von Genossenschaftsunternehmen mit assoziativem Charakter bieten.

Eine Genossenschaft zeichnet sich gerade dadurch aus, dass ihr erster Grundsatz darin besteht, eine Vereinigung zu sein, deren Ziel der Mensch und die Befriedigung seiner Bedürfnisse ist.

Das dritte Kapitel, "Discursive ethics of cooperative social responsibility", ist ein Vortrag, den ich auf der Cooperative Research Conference des XXXIII World Cooperative Congress im Dezember 2021 in Seoul, Korea, gehalten habe.

In dieser Analyse schlage ich vor, dass die genossenschaftliche Ethik durch das Wesen der genossenschaftlichen Assoziativität und die Prinzipien, die ihre Existenz stützen, diskursiv ist und in kommunikativem Handeln unter Beteiligung aller Stimmen, die die Unternehmensstruktur und das Management ausmachen, sowie der Partner, die von ihrer Tätigkeit betroffen sind, formuliert wird.

Dank der freundlichen Einladung von Lambert Academic Publishing aus Moldawien, dem ich an dieser Stelle herzlich danken möchte, kann ich diese Forschungsarbeit veröffentlichen, die ich im äußersten Süden der Welt durchgeführt und in akademischen Zentren in Europa, Afrika und Asien vorgestellt habe, in der Hoffnung, einen Beitrag zur laufenden Suche nach den neuesten Erkenntnissen über die Bedeutung des Phänomens der Zusammenarbeit für die Schaffung einer besseren Welt zu leisten.

Ramón Santelices Tello

Lizentiat in Philosophie

INHALT

KAPITEL 1

Wohnungsbaugenossenschaften - Mittel zur Überwindung der Armut

Abstrakt

Die ICA forderte die Genossenschaften auf, sich zu verpflichten, die SDGs in die Ziele der Agenda 2030 aufzunehmen. Das erste Ziel ist die Überwindung der Armut. Armut ist multidimensional; sind die großen Wohnungsbaugenossenschaften in Chile Mittel zur Überwindung der Armut? Die Antwort wird in einer Umfrage zur Wahrnehmung der Begünstigten von Genossenschaftswohnungen gesucht, in der die mehrdimensionale Armut, die allgemeine Situation, das Wohnungsdefizit in Chile und die soziale Verantwortung der Genossenschaften kurz beschrieben werden.

1. Schlüsselwörter.

Mehrdimensionale Armut, Wohnungsdefizit, SDG, Wohnungsbaugenossenschaft, soziale Verantwortung von Genossenschaften.

2. Hypothese

Die großen Wohnungsbau- und Mietgenossenschaften in Chile sind Akteure, die ihren Mitgliedern helfen, ihre multidimensionale Armut zu überwinden, PM, das erste SDG der Agenda 2030, in Übereinstimmung mit den genossenschaftlichen Prinzipien und den Leitlinien der ICA.

3. Kurze Beschreibung des Problems

3.1. Allgemeine Informationen

Chile, ein Land an der Südspitze Südamerikas, hat eine Bevölkerung von 19.100.000 Einwohnern, davon 88,4 % in Städten und 11,6 % auf dem Land (INE B,11), darunter 1.500.000 Einwanderer, die in den letzten zehn Jahren zugezogen sind.

Der Alterungsindex liegt bei 68,5 über 64-Jährigen auf 100 unter 15-Jährige; die Fruchtbarkeitsrate liegt bei 1,4 Kindern pro Frau, die Sterblichkeitsrate ist niedrig und die Lebenserwartung bei der Geburt beträgt 81,2 Jahre (INE). Das Pro-Kopf-BIP zu internationalen Preisen beträgt 29.100 US-Dollar (Weltbank). Der GINI-Index für Chile lag 1998 bei 0,58 (Robles, 13) und beträgt heute 0,47 (Jordán, 171), was eine spürbare Ungleichheit in der monetären Dimension, beim Zugang zu Gütern und bei den Kapazitäten bedeutet, die die Verwirklichung der Rechte einschränken (Jordán, 155).

Die 5 Bevölkerungsdezile mit dem niedrigsten Einkommen, dem Hauptgegenstand der Tätigkeit der Wohnungsbaugenossenschaften, haben ein monatliches Familieneinkommen von bis zu 810.000 CL$, was 900 US$ entspricht und damit unter dem nationalen Durchschnitt von 1.010.000 CL$, was 1.120 US$ entspricht. (INE)

Nach der CASEN-Erhebung erhält das Dezil I des unabhängigen Pro-Kopf-Einkommens 1,1 % des Gesamteinkommens der Haushalte im Land, während das Dezil X 35,2 % erreicht; 80 % erhalten 49,2 % des Einkommens im Land, während die Dezile IX und X 50,8 % auf sich vereinen. (García Bernal, 1) Was die Ungleichheitsindikatoren betrifft, so zeigt der 10/10-Index, dass das Einkommen von 10 % der Haushalte mit dem höchsten Einkommen das 30,8-fache des Einkommens von 10 % der Haushalte mit dem niedrigsten Einkommen beträgt.

Eine ungleiche Einkommensverteilung ist ein soziales Zeichen für Armut.

3.2. Beschreibung der Wohnungsnot

Das Wohnungsdefizit beläuft sich auf 740.000 Wohnungen, wobei 72 % dieses Mangels Familien mit niedrigem Einkommen betreffen. (CCHC, 2020, 84)

99,9 % der städtischen Häuser sind mit Trinkwasser versorgt, 97 % verfügen über ein Abwassersystem.

Seit den 1990er Jahren wurden jährlich durchschnittlich 96.000 Häuser mit öffentlichen und privaten oder öffentlichen Finanzmitteln gebaut, die für sozial schwache Haushalte bestimmt waren, einschließlich derjenigen, die sich in prekären Siedlungen befinden, sowie für die arme und die Mittelschicht, wobei eine Politik der sozioökonomischen Teilhabe und der Integration von Familien umgesetzt wurde. *Diese Politik umfasste ein Antragsverfahren für die potenziellen Empfänger von Subventionen und Wohnungen, das in den meisten Fällen ein gewisses Maß an Ersparnissen seitens der Antragsteller erforderte.* (Robles, 59).

Durch die Beibehaltung von Investitionen und einer öffentlichen Politik, die mit wachsenden öffentlichen und privaten Anstrengungen in den letzten 40 Jahren kohärent war, konnte das Wohnungsdefizit bis Mitte des letzten Jahrzehnts reduziert werden, aber in den letzten fünf Jahren ist das Defizit gewachsen; die durchschnittlichen jährlichen sektoralen Investitionen im Staatshaushalt lagen in diesem Zeitraum bei über 2.500.000.000 US$.

Die CEPAL stellt systematisch fest, dass eine der Ungleichheiten in Lateinamerika, einschließlich Chile, in der räumlichen Ungleichheit der Lebensbedingungen der Bevölkerung in verschiedenen Gebieten zum Ausdruck kommt (Jordán, 41). Einer der Ausdrucksformen ist das Modell der stark segregierten Wohnviertel.

4. Bedeutung von Wohnungsgenossenschaften

Die Bedeutung und die Rolle von Wohnungsbaugenossenschaften in Europa, den Vereinigten Staaten, Japan, Russland und anderen Ländern wurde von John Birchall in mehreren seiner Veröffentlichungen meisterhaft beschrieben.

Die Beschreibung des britischen kooperativistischen Professors trifft in Chile in mindestens drei Aspekten zu:

1° *"Eines der wichtigsten Bedürfnisse ist das Wohnen, und hier haben Wohnungsbaugenossenschaften eine wichtige Nische besetzt, auch wenn sie nur selten eine beherrschende Stellung auf einem Immobilienmarkt erreichen."* (Birchall, 2011, 90).

Der gesamte Bau von geschützten oder sozialen Wohnungen und die Organisation der Nutznießer ist eine private Tätigkeit, obwohl der Staat 100 % der Wohnungen für die Bevölkerungsgruppen der ärmsten 4 Dezile finanziert.

10 % der Entwicklung und des Baus von Wohnungen, an deren Finanzierung der Staat beteiligt ist, werden von Wohnungsbaugenossenschaften und anderen gemeinnützigen Einrichtungen für den Wohnungsbau durchgeführt, was die Richtigkeit der Aussage von Birchall bestätigt;

2° die Wohnungsbaugenossenschaft *"entwickelt sich eher bei Familien, die sich aus Personen mit niedrigem bis mittlerem Einkommen zusammensetzen, als eine Alternative zu Eigentum oder Miete"*.

Die Genossenschaft bietet ihren Mitgliedern einige grundlegende Vorteile gegenüber dem, was der Markt bietet: Sie bietet nicht nur Wohnraum, der den Möglichkeiten der Mitglieder entspricht, diesen zu erwerben und zu erhalten, und von der Genossenschaft unterstützte Sparpläne, sondern sie ermöglicht ihren Mitgliedern auch: Zugang zu einer Wohnbauförderung; methodisches Sparen; Anspruch auf einen Hypothekarkredit, zu dem nur 48 % der Familien im Land Zugang haben (CCHC, 202, 176); Entwicklung eines Gemeinschaftslebens; Erhaltung der Umgebung und der Umwelt und Nutzung des sozialen Netzes, um die Armut auf solidarische Weise zu überwinden.

3° dass die Genossenschaft den Menschen in den Mittelpunkt ihrer Tätigkeit stellt und nicht die Rentabilität der Investition, um die sie sich ebenfalls bemüht, indem sie versucht, das Leben ihrer Mitglieder zu verbessern, indem sie immer bedenkt, dass *"der Wert einer Wohnung eng mit der Qualität ihrer Umgebung in einem Wohnhaus oder in einem Viertel verbunden ist. Die Wohnung selbst kann von guter Qualität sein, aber wenn die Umgebung unsicher ist, verliert sie ihren*

Nutzwert für den Bewohner. Wohnungsgenossenschaften bieten eine einzigartige Form der kollektiven Kontrolle der Umgebung" (Birchall, 2011, 91).

Es geht auch um die Organisation der Gemeinschaft und die Eingliederung in die Umgebung der Stadt, denn das Wohnen als Element zur Überwindung der Armut erfüllt diese Rolle nur, wenn es Teil einer komplexen multidisziplinären Arbeit ist, die die besondere mehrdimensionale Armut jedes Mitglieds der Gruppe, die jedes Programm oder jede kooperative Unterabteilung bildet, erfasst.

Genossenschaftsgruppen sind sozial, wirtschaftlich und kulturell heterogen, denn die Überwindung der Armut erfordert die Überwindung der Segregation, um Zugang zu den Vorteilen zu erhalten, die der Staat und die Gesellschaft bieten. Wenn Wohnungsgenossenschaften dieses Ziel anstreben, müssen sie ihre Tätigkeit und die ihrer Mitglieder darauf ausrichten, dass sie *"bereit sind, als intelligentere Art des Überlebens und des guten Überlebens zu kooperieren"* (Cortina, 78).

Wenn man die Beteiligung von Genossenschaften an der Verwirklichung der SDGs der Agenda 2030 akzeptiert, muss man bedenken, dass Armut ein multidimensionales Phänomen ist, insbesondere wegen der Einzigartigkeit der lokalen Dimensionen, die jeden Menschen betreffen. Allen gemeinsam ist, dass *"in der kontraktualistischen und genossenschaftlichen Tauschgesellschaft leider der radikal Fremde ausgegrenzt wird, derjenige, der sich nicht auf das Tauschspiel einlässt, weil er scheinbar keine Gegenleistung erbringen kann. Das ist der Arme in jedem Bereich des gesellschaftlichen Lebens"* (Cotina, 80), das ist der ἀπορέω, der nicht nur nicht hat, sondern auch nicht weiß, was er in Reichweite hat, um auf das zuzugreifen, was in seinem Interesse ist.

Die Genossenschaften in dieser Analyse übernehmen die Verpflichtung, der Gesellschaft zu antworten, indem sie diese Tätigkeit ausüben, ohne eine Gegenleistung von den Begünstigten zu erwarten.

"Da es seine Existenz aus der Ermächtigung der Gesellschaft bezieht, eine bestimmte Rolle mit einem bestimmten Zweck an einem bestimmten Ort zu erfüllen, müssen seine Entscheidungen und Handlungen darauf abzielen, seine Rolle unter den entsprechenden Bedingungen zu erfüllen, mit der Struktur von Gütern und Dienstleistungen, die seine Existenz rechtfertigen. Das ethische Unternehmen (die Genossenschaft) muss in seinem Prozess mit der Qualität und Pünktlichkeit seiner Handlungen auf alle gültigen Gesprächspartner reagieren, die mit ihm in Verbindung stehen."

"Die Verantwortung des Unternehmens kann von Dritten übernommen werden. Die soziale Verantwortung des Unternehmens ist das, worauf es gegenüber der Gesellschaft reagieren muss, weil sie als Voraussetzung für die Entwicklung seines permanenten Prozesses erforderlich ist" (Santelices, 2019 B 89)

5. Sozialräumliche Integration

Die Städte sind offen segregiert, und die Sektoren, in denen die schwächsten Familien leben, verfügen über die wenigsten Dienstleistungen wie Parks und Grünflächen, Freizeit und Erholung, Schulausstattung, Gesundheit, städtische Dienstleistungen, Stadtmobiliar, öffentliche Verkehrsmittel und Sicherheit.

Die Genossenschaften waren Pioniere bei der Beteiligung an der Entwicklung staatlicher sektoraler Projekte zur sozialen Integration, bei denen sie in den von ihnen gebauten oder gepachteten Wohnanlagen Häuser verschiedener Preisklassen errichten und bis zu 30 % an Familien aus den drei einkommensschwächsten Dezilen vergeben. Dies setzt voraus, dass sie vor dem Bau die Familien mit unterschiedlichem Einkommen organisieren und integrieren.

Das Phänomen der Armut wird durch die soziale Segregation in den Städten verschärft, die die Menschen durch Mängel einschränkt, die denen der Menschen in ihren Netzwerken ähneln; eine kooperative Ausbildung und Bildung ermöglicht es ihnen, sich in eine Gemeinschaft und eine neue Nachbarschaft in einer heterogenen Gemeinschaft zu integrieren, was es den am meisten gefährdeten Menschen erleichtert, sich zu verbessern.

Die Bedeutung von Wohnungsbaugenossenschaften unterscheidet sich grundlegend von der neoliberalen Politik, da sie in der Lage sind, mit den soziokulturellen Dimensionen der lokalen Gesellschaft zu interagieren, und zwar in einer verwobenen Beziehung zwischen der Gesellschaft und der Gemeinschaft, die über die alleinige Dimension der wirtschaftlichen Rentabilität hinausgeht (Salvatori, 201, 7), was wir in dem Konzept der "sozialen Innovation" von David Cameron zusammenfassen könnten.

Die "soziale Innovation" der Genossenschaften wird von Salvatori (Salvatori, 2011, 9) als instrumentelle Subsidiarität, verantwortungsbewusstes Handeln und allgegenwärtige Innovation beschrieben, wobei die verschiedenen Dimensionen ihrer Tätigkeit berücksichtigt werden, die nicht nur das Ergebnis, sondern auch die Realität der betroffenen Menschen und die Bedeutung des genossenschaftlichen Akteurs einbezieht.

Beitrag zur Überwindung aus der Perspektive ihres Handelns in dreifacher Hinsicht - wirtschaftlich, sozial und nachhaltig. Die Genossenschaften halten sich an die strengen Regeln des Umweltschutzes. Seit mehr als 25 Jahren legen sie den für den Umweltschutz zuständigen lokalen Behörden für jede neue Urbanisierung eine strenge Umweltverträglichkeitserklärung vor, die alle notwendigen Abhilfemaßnahmen enthält, um negative Auswirkungen auszugleichen.

Es werden strenge Anforderungen erfüllt, die den neuen Bewohnern eine hohe Lebensqualität garantieren, da sie in der Nähe von öffentlichen Schulen, Gesundheitsdiensten, Bürgerzentren, öffentlichen Verkehrsmitteln, Zufahrtsstraßen in der Stadt und anderen Diensten wohnen und diese leicht erreichen können.

6. Überwindung der Armut

6.1. Die ICA hat sich als Vertretungsorgan aller Genossenschaften der Welt gegenüber internationalen Gremien und ihren regionalen Foren verpflichtet, sich für die Verwirklichung der SDGs der Agenda 2030 einzusetzen, da ihre Mitglieder von Anfang an die Verwirklichung dieser Ziele in ihren Gemeinden, Städten und Einflussbereichen sowie in ihren geschäftlichen und sozialen Beziehungen gefördert haben. Das erste dieser Ziele ist die *Überwindung der Armut*.

Genossenschaften werden von der internationalen Gesellschaft in der Fachliteratur als hauptsächlich für Sektoren mit niedrigem und mittlerem Einkommen arbeitend bezeichnet, was diese Eigenschaft zum Rückgrat ihrer Ethik macht.

6.2 Wie erkennen Sie die Armut in Chile?

Das Mandat, das die ICA erhalten hat, um ihrer genossenschaftlichen Bedeutung als Mittel zur Überwindung der Armut gerecht zu werden, macht es erforderlich, die Armut in der Gesellschaft zu identifizieren, in der jeder seine Aktivitäten ausübt, insbesondere in dem Bereich der Gesellschaft, in dem seine soziale und wirtschaftliche Tätigkeit stattfindet.

Durch die Identifizierung dieser Armut und insbesondere der Armen, die darunter leiden, kann jede Genossenschaft messen, ob sie wirklich zur Überwindung der Armut beiträgt. Diesbezüglich wird es Ergebnisse geben, wenn die Menschen das Gefühl haben, dass sie aufgrund der von der Genossenschaft erbrachten Leistungen aus dem Kreis der Armut herausgefallen sind.

Rechtsanwalt Dr. Leonardo Moreno, Professor an Universitäten in Chile und Spanien, sagt: *"Armut äußert sich in Unzufriedenheit oder mangelnder Erfüllung in verschiedenen Bereichen, gleichzeitig oder nacheinander, die üblicherweise als Bedürfnisse, Fähigkeiten oder Rechte beschrieben und katalogisiert werden, die für das Wohlbefinden und die Entwicklung von zentraler Bedeutung sind, wie z. B. Bildung, Gesundheit, Wohnen, Arbeit oder Teilhabe. Um das Ausmaß und die Tiefe der Armutserfahrungen zu verstehen und um sozialpolitische Maßnahmen zu entwickeln, ist nicht nur jede einzelne dieser betroffenen Dimensionen wichtig, sondern auch die Wechselwirkung zwischen ihnen."* (Moreno, 3) Moreno zitiert MacNeef mit den Worten: *"Armut ist nicht nur ein Mangel an "Haben", der größte Teil der gegenwärtigen Armut konzentriert sich auf die schwerwiegenden Einschränkungen, mit denen die Menschen in den existenziellen Kategorien des "Seins" und des "Tuns" konfrontiert sind".* MacNeef bewegt uns weg von der eindeutigen Konzeption der Armut, die durch monetäre Indizes des fehlenden Zugangs zum "Haben" gemessen wird, denn *"menschliche Bedürfnisse können nach mehreren Kriterien aufgeschlüsselt werden, und die Humanwissenschaften bieten eine umfangreiche und vielfältige Literatur zu diesem Thema. In diesem Dokument werden zwei mögliche Unterscheidungskriterien kombiniert: nach existenziellen Kategorien und nach axiologischen Kategorien. Diese Kombination ermöglicht es, mit einer Klassifizierung zu arbeiten, die einerseits die Bedürfnisse nach Sein, Haben und Tun und andererseits die Bedürfnisse nach Subsistenz, Schutz, Zuneigung, Verstehen, Teilhabe, Freizeit, Schöpfung, Identität und Freiheit umfasst."* *(MacNeef, 41) Nach* Moreno und MacNeef impliziert das Phänomen der MP, dass die Zusammenarbeit bei ihrer Überwindung voraussetzt, dass jede Kooperative die Erreichung dieses Ziels in Zusammenarbeit mit anderen, anders gearteten Kooperativen in Angriff nimmt, um die zu überwindenden Armutsdimensionen zu ergänzen, indem sie der Aktion des Staates andere private Akteure hinzufügt, deren Tätigkeit in anderen Bereichen begrenzt ist, und vor allem die Beteiligung der Betroffenen hinzufügt. Dies verleiht dem siebten genossenschaftlichen Grundsatz besondere Gültigkeit: *"Die Sorge um die Gemeinschaft". Die Genossenschaften setzen sich für die nachhaltige Entwicklung ihres Gemeinwesens durch eine von ihren Mitgliedern gebilligte Politik ein."* (ICA, 2015, 91). In dem hier analysierten Fall bedeutet dies, dass wir Agenten für die

Überwindung der Armut in einer Gemeinschaft sind und die Arbeit anderer öffentlicher und privater Agenten berücksichtigen, zu denen unsere Mitglieder Zugang haben, wenn sie die Anforderungen und Formalitäten erfüllen, die mit der direkten Aktion und der solidarischen Zusammenarbeit der Genossenschaft verbunden sind. Wir finden dieselbe Auffassung von MP in den Leitlinien unseres Weltvertretungsorgans, wenn es dieses Prinzip erläutert, das auf der Versammlung in Manchester 1995 vereinbart wurde, und sich dabei am Konzept der *"nachhaltigen Entwicklung"* orientiert, das seit 1987 von Bruntland entwickelt wurde und das die Herausforderung festlegt, die gegenwärtigen Bedürfnisse zu befriedigen, ohne die Möglichkeiten künftiger Generationen zu beeinträchtigen, wobei insbesondere die Bedürfnisse *der Armen der Welt berücksichtigt werden, denen die höchste Priorität eingeräumt werden muss."* (ICA, 2015, 92). Wenn den Genossenschaften gesagt wird, dass sie aufgrund ihrer Tätigkeit Mittel zur Überwindung der Armut sind, ist eine ethische Verpflichtung erforderlich, denn *"Dieser Grundsatz umfasst das Anliegen der Genossenschaftsbewegung und die Verpflichtung, sich für eine soziale, wirtschaftliche und ökologische Entwicklung einzusetzen, die den Gemeinschaften und den Mitgliedern der Genossenschaften zugutekommt."* (ICA, 2015, 94). Dies erinnert die Mitglieder an die Verpflichtung, zuerst zum Nutzen der Gemeinschaften und dann zum Nutzen der Mitglieder zu arbeiten. Es ist das Konzept des Vorrangs des "Anderen-Selbst" in Bezug auf sich selbst, das wir bei Gadamer und Ricoeur finden. Das Bekenntnis zu diesem Prinzip führt uns zur Lösung des Wohnungsdefizits der Mitglieder als Mittelpunkt der Verpflichtung, Mittel zur Überwindung von MP zu sein, denn angeblich tragen wir dazu bei, dass Wohnen ein grundlegendes Gut ist, das sie in die Lage versetzt, Zugang zu anderen Fähigkeiten oder Rechten zu erlangen, wie z. B. zur Bildung ihrer Kinder und ihrer eigenen Ausbildung, zu Gesundheit, Arbeit, Kunst, Freizeit, Sport, Familienleben, gemeinschaftlicher, lokaler und politischer Bürgerbeteiligung und zu sozialen Netzwerken, die sie mit den Vorteilen verbinden, die der Staat und ihre Nachbarn als gemeinsames Gut konstruieren.

Die Anleitung, die jede der Genossenschaften erhält, ist sehr klar: *"Diese soziale Dimension der nachhaltigen Entwicklung ist etwas, das durch die Einzigartigkeit des genossenschaftlichen Unternehmens erreicht werden kann."* (ICA, 2015, 94). Darüber hinaus behauptet Birchall, dass die Eigenschaft von Genossenschaften, nicht durch maximale Rentabilität motiviert zu sein, sondern den Dienst an der Gemeinschaft und die Befriedigung der Bedürfnisse ihrer Mitglieder zum Ziel zu haben, einer der Gründe für ihre lange Lebensdauer sein könnte.

Dieses Konzept des MP wurde vom Staat übernommen, um die öffentlichen Maßnahmen zur Überwindung und Messung der Armut zu bestimmen.

"Die vom Ministerium für soziale Entwicklung erstellte CASEN-Erhebung von 2013, die das Ausmaß der Armut in Chile misst, enthielt zwei wichtige Neuerungen: Die Armutsgrenze nach Einkommen wurde anhand neuer Verbrauchsparameter der Bevölkerung für 2009 aktualisiert, und es wurde eine neue Methodik zur Messung des Einkommens in verschiedenen Dimensionen wie Gesundheit, Bildung, Wohnen, Arbeit und soziale Sicherheit eingeführt, die als multidimensionale Armutsmessung (MPM) bezeichnet wird.

Nach der neuen Armutsgrenze nach Einkommen waren 2013 14,4 % der chilenischen Bevölkerung von Armut betroffen, während die MP 20,4 % der Chilenen betraf (Moreno 1).

Die verfeinerte Messung der Armut, die über die rein monetären Variablen und das "Haben" hinausgeht, ermöglichte es, die unter diesen vier Dimensionen verborgene Armut und die Tatsache aufzudecken, dass diese Familien Zugang zu staatlichen Subventionen haben könnten.

Gefährdete Familien brauchen mehrere Jahre, um die negativen Indizes der MP zu überwinden, da ihre Situation prekär und instabil ist.

6.3 Sind große Wohnungsgenossenschaften und Wohnungsmietgenossenschaften Mittel zur Überwindung der Armut?

Wenn die Mitglieder einer Wohnungsbaugenossenschaft beitreten, sind sie alle von Armut betroffen, die unterschiedlich stark ausgeprägt ist.

Die Überwindung der Armut ist ein Prozess und kein Akt, sie ist das positive Ergebnis einer Reihe von aufeinander folgenden Maßnahmen, die im Laufe der Zeit einen Lernprozess und eine Veränderung des Lebenssinns voraussetzen, und zwar nicht nur bei den Begünstigten selbst, sondern auch bei dem Umfeld, in dem sie leben oder dem sie sich anschließen. Für die Armut ist die Gesellschaft verantwortlich, die sie ausgrenzt und an den Rand drängt, und nicht diejenigen, die sie erleiden.

Die Genossenschaft sichert ihren Mitgliedern den Zugang zu angemessenem Wohnraum, der die materiellen und räumlichen Bedingungen erfüllt, die es ihnen ermöglichen, die Defizite in der Dimension der Bewohnbarkeit ihrer Armut zu überwinden, damit sie auch Zugang zu den Mitteln haben, die es ihnen ermöglichen, die Defizite in den anderen genannten Dimensionen zu überwinden.

Es schult sie darin, ihr Familien- und Gemeinschaftsleben solidarisch zu gestalten, um Fortschritte bei der Überwindung von MP zu erzielen.

Um herauszufinden, ob die Mitglieder, die eine Wohnung erworben oder gemietet haben, die Armut mit einer Genossenschaftswohnung überwunden haben, habe ich sie gefragt, ob sie der Meinung sind, dass sie und ihre Familie mit dem Zugang zu einer angemessenen Wohnung die Armut überwinden oder ihre Lebensqualität verbessern, indem sie ihre Defizite in den anderen Dimensionen der Armut, ohne Berücksichtigung der Wohnung, verringern.

7. Empirischer Nachweis der Hypothese

7.1. Beschreibung des Messinstruments

Um die eingangs aufgestellte Hypothese zu überprüfen, wurde die beigefügte Umfrage über die internationale Plattform **Mailchimp** an 7.000 Mitglieder, die ihre Häuser zwischen 2002 und 2017 von großen Wohnungsbaugenossenschaften erworben haben, und an 98 Mieter verteilt.

Es gingen 277 Antworten von 83 genossenschaftlichen Untergliederungen aus 24 Gemeinden in 6 Regionen des Landes ein. Die Umfrage enthält grundlegende Fragen, um den Beantwortungsprozess zu erleichtern.

Es ist zu bedenken, dass die Mitglieder der Kooperative kulturell bedingt ihre Armut im Umgang mit Dritten nicht anerkennen, obwohl sie in ihren Familien darunter leiden. Armut ist in ihren Kreisen ein Faktor der sozialen Abwertung und der sozialen Segregation im Allgemeinen, was Cortina als *Aporophobie* bezeichnet (Cortina, 23).

Das Ziel der Umfrage wurde ihnen wie folgt mitgeteilt:

"Im Rahmen einer Studie über Wohnungsbaugenossenschaften möchten wir Ihre Meinung darüber erfahren, wie sich der Besitz einer eigenen Wohnung auf Ihre Lebensqualität auswirkt. Deshalb bitten wir Sie, sechs einfache Fragen zu beantworten, die uns helfen werden, mehr über die Auswirkungen des Genossenschaftswesens herauszufinden.

208 Antworten entfielen auf Mitglieder, die ihr Haus zwischen 2012 und 2017 erworben haben; 58 von ihnen taten dies zwischen 2002 und 2011, und 11 waren Mieter.

Jedes der Programme entspricht einer städtischen Entwicklung von 120 bis 300 Häusern, mit einem guten Standard der Urbanisierung und Zugang zu verschiedenen Dienstleistungen entsprechend dem in Chile geforderten Standard, was die Überwindung mehrerer Dimensionen von MP erleichtert.

7.2. Zielsetzung des Instruments

Das Ziel dieser Umfrage ist es, herauszufinden, ob die Befragten das Genossenschaftshaus als Hilfe bei der Überwindung der Armut empfinden oder in welcher Hinsicht, was keine Rückschlüsse darauf zulässt, ob sie die Armut überwunden haben oder nicht, sondern nur darauf, wie sie die Hilfe des Hauses empfinden.

Die Wahrnehmung der Beteiligten ist insofern relevant, als sie ihre Einstellung zur Teilnahme an dem Prozess bestimmt und ihr Bedeutung verleiht. Ich habe versucht zu messen, ob er/sie der Meinung ist, dass das Genossenschaftshaus ihm/ihr geholfen hat, die Armut in den folgenden Bereichen zu überwinden: Bildung, Gesundheit, Vernetzung, Sicherheit, Beziehungen zur Gemeinschaft und Bewältigung der Einschränkungen durch die Pandemie besser als in seinem/ihrem vorherigen Wohnort.

7.3 Ergebnisse der Umfrage für jede Dimension

21 % der Eigentümer und 64 % der Mieter antworteten, dass das Genossenschaftshaus ihnen in allen genannten Bereichen geholfen hat, und 8 % der Eigentümer antworteten, dass es ihnen in keinem Bereich geholfen hat.

Mehr als 82 % der Mieter sahen in jeder der Dimensionen Verbesserungen im Vergleich zu ihrer Situation in ihrer vorherigen Wohnung.

7.3.1. Frage 1: Hat der Erwerb eines eigenen Hauses Ihnen und Ihrer Familie einen besseren Zugang zu Bildung ermöglicht?

36 % waren der Meinung, dass das Haus ihnen einen besseren Zugang zur Bildung ihrer Familie ermöglichte, und 64 % waren der Meinung, dass es ihnen diesen Zugang nicht ermöglichte, was durch die weitreichende Abdeckung durch öffentliche Bildungsmaßnahmen erklärt werden kann. Nur 8,1 % der städtischen Häuser sind mehr als 2,5 km von einem Schulgebäude entfernt (CCHC, 2020, 130). Die Schulpflicht umfasst 12 Schuljahre und 2 Jahre Vorschulzeit.

7.3.2. Frage 2: Hatten Sie eine bessere Anbindung und Verfügbarkeit von Dienstleistungen in Ihrem Haus?

Die mangelnde Anbindung und der Mangel an Transportmitteln, unter denen die Betroffenen leiden, erschweren den Zugang zu Informationen und Dienstleistungszentren. Die Entfernungen, die sie zurücklegen müssen, erschweren den Zugang zu Waren und Dienstleistungen, so dass eine bessere Anbindung und Verfügbarkeit von Dienstleistungen wichtig ist.

60 % waren der Ansicht, dass sie mit dem Genossenschaftshaus eine bessere Anbindung an Dienstleistungen haben als zuvor, 40 % sahen in dieser Hinsicht keine Verbesserung, und die Wahrnehmung der Mieter war mit 82 % deutlich anders.

7.3.3. Frage 3: Hat Ihr Haus zu mehr Sicherheit für das Wohlergehen Ihrer Familie beigetragen?

Der Großteil der chilenischen Bevölkerung ist derzeit nicht sicher, und die ärmsten Bevölkerungsschichten sind noch stärker betroffen.

84 % sahen in der Genossenschaftswohnung eine Verbesserung ihrer Situation in diesem Bereich, und 16 % sahen keine Verbesserung im Vergleich zur Sicherheit vor dem Einzug in die Genossenschaftswohnung.

7.3.4 Frage 4: Hat sich der Zugang zur Gesundheit mit Ihrem Haus verbessert?

Der Zugang der Bevölkerung zu Gesundheitsdiensten ist in allen sozialen Bereichen hoch, wenn auch ungleich verteilt. Nur 15,3 % der städtischen Wohnungen sind mehr als 2,5 km von einem Gesundheitszentrum entfernt; es gibt eine Warteliste für 300.000 Operationen im öffentlichen Gesundheitswesen. 31 % der Befragten gaben an, dass das Genossenschaftshaus ihren Zugang zur Gesundheitsversorgung verbessert hat, 69 % sahen keine Verbesserung.

7.3.5. Frage 5: Hat der Erwerb eines Hauses dazu beigetragen, Ihre Behandlung und Ihre Beziehungen zu anderen Menschen in der neuen Nachbarschaft zu verbessern?

Die Bildung oder Verbesserung sozialer Netze und die Beziehungen zu den Nachbarn spielen eine Rolle bei der solidarischen Wirkung des von uns erörterten Prozesses. 57 % der Begünstigten waren der Ansicht, dass das Haus ihnen geholfen hat, ihre Beziehungen zu den Nachbarn in der neuen kooperativen Nachbarschaft zu verbessern.

7.3.6. Frage 6: Konnten Sie mit COVID-19 besser umgehen, wenn Sie ein Haus hatten?

Die ICA erklärt, dass die Widerstandsfähigkeit von Genossenschaften ein Element ist, das einer Gemeinschaft hilft, katastrophale Widrigkeiten zu überwinden. In den in diesem Beitrag erwähnten Genossenschaften wurde dies von den Begünstigten als zutreffend empfunden. 73 % von ihnen waren der Ansicht, dass sie in einer Genossenschaftswohnung die Pandemie besser überstehen konnten als in ihrer vorherigen Wohnung. Bei den Mitgliedern, die eine Genossenschaftswohnung mieten, waren 100 % der Meinung, dass dies zutrifft, was sich dadurch erklären lässt, dass ihre vorherige Wohnung sowohl hinsichtlich der Standards als auch der Überbelegung prekärer war.

8. Schlussfolgerung

Der multidimensionale Charakter der Armut weist in jedem Land andere Merkmale auf. Das Wohnungsdefizit in Chile, das zu den Dimensionen der Armut gehört, betrifft die Schwächsten. Die Wohnungsbaugenossenschaften haben in Chile eine mehr als 69-jährige Geschichte mit Projekten zur sozialen Integration und haben etwa 250.000 Häuser gebaut.

Das öffentliche und private institutionelle System misst und identifiziert MP und bekämpft sie mit sektoralen öffentlichen Maßnahmen, die nachhaltig solide sind. Große Wohnungsbaugenossenschaften nehmen ein Segment von etwa 10 %

der Immobilientätigkeit ein, das sich an Menschen richtet, die eine gewisse staatliche Unterstützung benötigen.

Sie beteiligen sich an einer stillschweigenden öffentlich-privaten Allianz auf nationaler und lokaler Ebene, um Häuser für bedürftige Familien zu definieren, zu erneuern, zu suchen und zu bauen, die es ihnen ermöglichen, verschiedene Dimensionen ihrer Armut zu überwinden.

Die Nutznießer von Dienstleistungen und Genossenschaftshäusern empfinden sie als effektiv.

Akronym

CASEN	Nationale Erhebung zur sozioökonomischen Charakterisierung
	Nationale Erhebung zur sozioökonomischen Charakterisierung
CEPAL	Comisión Económica para América Latina y El Caribe de las Naciones Unidas
	Wirtschaftskommission für Lateinamerika und die Karibik der Vereinten Nationen
CCHC	Cámara Chilena de la Construcción
	Chilenische Baukammer
ICA	Internationale Genossenschaftsallianz
INE	Instituto Nacional de Estadísticas y Censos (Nationales Institut für Statistik und Volkszählung)
BIP	Bruttoinlandsprodukt
OECD	Organisation für wirtschaftliche Zusammenarbeit und Entwicklung
MP	Multidimensionale Armut
MPM	Multidimensionale Armutsmessung.
SDG	Ziele für nachhaltige Entwicklung

Referenzen

Arriagada C. (2004) *El déficit habitacional en Chile: medición de los requerimientos de vivienda y su distribución espacial.* MINVU, Santiago de Chile
(2006) *Atlas de la evolución del déficit habitacional en Chile 1992-2002.* MINVU. Santiago de Chile

Banco Mundial (2022) Data Bank https://datos.bancomundial.org/indicator/NY.GDP.PCAP.PP.CD? view=map Rescatada 31.07.2022

Barcena A., Prado A., Abramo L., Pérez R. (2016) *Desarrollo social inclusivo. Una nueva generación de políticas para superar la pobreza y reducir la desigualdad en*
América Latina y el Caribe. S.16-00099 Naciones Unidas, Santiago

Birchall, J. und Sacchetti, S. (2017) *The comparative advantages of single and multi-stakeholder co-operatives.* In the ICA Global Research Conference Jun.2017. U. Stirling, Schottland
(2014). *Resilienz in einem Abschwung: The power of financial cooperatives;* Oficina Internacional del Trabajo. - Ginebra ISBN 978-92-2-327031-5 (web pdf)
(2011) *People-Centred Businesses Co-operatives, Mutuals and the Idea of Membership.* ISBN 978-0-230-21718-8, Palgrave Macmillan, UK

Blomeyer, W. (1988) *Genosensenschaftliches Ehrenamt und Vier Augen Prinzip.* Zeitschrift für das gesamte Genossenschaftswesen. Band 38, Heft 3 pag 164, 175. Nürnberg, Vandenhoeck und Ruprecht ISSN *0044-2429*

CCHC (2020) *Balance de vivienda y entorno Urbano 2019.* CCHC, Santiago de Chile
(2015) *Balance de la vivienda de interés social.* CCHC-Gerencia de Estudios. Santiago de Chile

CEPAL (2021) *Panorama social de América Latina 2020.* ISBN: 978-92-1-004758-6 (versión pdf) Naciones Unidas, Santiago.
(2018) *Agenda 2030* ISBN: 978-92-1-058643-6 (versión PDF). Naciones Unidas, Santiago
(2016) *Horizontes 2030: la igualdad en el centro del desarrollo sostenible* (LC/G.2660/Rev.1) Naciones Unidas, Santiago

Cortina A. (2017) *Aporofobia, el rechazo al pobre. Un desafío para la democracia.* ISBN 978-950-12-9600-6. Paidos, buenos Aires

Cortínez J.M. (1995) *Focalización en la vivienda social. Vivienda Básica y Progresiva en la Región Metropolitana.* MINVU. Santiago

Eschenburg,R.(1973) Konflikt oder Harmonietheorie der Genossenschaften *Soderdruck aus Zeitschrift für das gesamte Genossenschatswesen) Band 23 (1973) Heft 2 2 Quartalsheft* (1973) pag 101, 114. Nürnberg, Vandenhoeck und Ruprecht

Fouskas P. und D'Isanto F. (2021) Beeinflusst der Anteil der weiblichen Führungskräfte

die geografische Streuung des Unternehmens? Evidence from the UK.*JEOD - Vol. 10, Issue 2,* 2021 JEL Classification: G34, J16, L21, M21 | DOI: 10.5947/jeod.2021.007

Gamboa Saavedra, E. (2019). *Die Besteuerung der Einkommensteuer bei Genossenschaften in Kolumbien und Chile. A Study From the Politicals Constitutions and Regulations* Revista Derecho Fiscal N° 17, julio-diciembre de 2020, Available at

SSRN:https://ssrn.com/abstract=3620383

García Bernal N. (2021) *Ingreso de los hogares en Chile. Distribución e ingreso autónomo de los hogares según decil de ingresos.* Asesoría Técnica Parlamentaria.

ILO (2022), *Actas 7ª Conferencia Internacional del Trabajo - 110.ª reunión, 2022*

Rescatado 09 de junio de 2022,

(2022 B) *Resolución relativa al trabajo decente y la economía social y solidaria.* RESCATADO WEB 16.07.2022 meetingdocument/wcms.848664.pdf

(2008) *Encountering the Evidence: Genossenschaften und Armutsbekämpfung in Afrika.* Arbeitspapier über soziales und genossenschaftliches Unternehmertum WP-SCE 08.02.

INE. (2022) www.INE.cl/Estadísticas Rescatado29.07.2022

(2022 B) https://www.ine.cl/docs/default-source/proyecciones-de-poblacion/publicaciones-y-anuarios/base-2017/ine_estimaciones-y-proyecciones-2002-2035_base-2017_ Rescatado10.08.2022

Internationale Genossenschaftsallianz. 2015, *Guidance Notes to the Co-operative Principles.* Internationale Genossenschaftsallianz, Bruselas

Jordán R. (2017) *Desarrollo sostenible, urbanización y desigualdad en América Latina y el Caribe.* S.17-00701 Naciones Unidas, *Santiago*

Larrañaga O., Echecopare B., y Grau. (2022) *Una nueva estimación de la desigualdad de ingreso en Chile.* Estudios Públicos 167 pp. 45-76 (2022) DOI:https://doi.org/10.38176/07183089/1229210914

Max-Neef,M.A.(1998).*Desarrollo a Escala Humana.* Barcelona: Nordan-Comunidad eIcaria. Rescatado 30.05.2022

Martínez Charterina, A. (2015). *Las cooperativas y su acción sobre la sociedad.* Revista de Estudios Cooperativos, núm. 117, enero-abril, pp. 34-49 ISSN : 1135-6618 Madrid, REVESCO

Mendez, N. and Casas Casas, A. (2015) *Capital social y territorio: Una aproximación multi-métodos al cambio social en contextos subregionales* (Social Capital and Territory: A Multi-Method Approach to the Microfoundations of Social Change in Subregional Contexts) Verfügbar bei SSRN: https://ssrn.com/abstract=2716067 oder http://dx.doi.org/10.2139/ssrn.2716067 Rescatado 08.07.2022

Messina A.L. (2020). *Feminismo y revolución. Crónica de una inquietud, Santiago*

2019 fragmentos de una paz insólita. Edición Metales pesados, Santiago

Ministerio de desarrollo social. (2017) *Atlas de acción social. Áreas prioritarias para 75 comunas en Chile.* I.S.B.N.978-956-326-041-0 Ministerio de desarrollo social. Santiago de Chile

Ministerio de Economía (2022) *Ley General de Cooperativas* Web. https://asociatividad.economia.cl/wp-content/uploads/2020/03/Ley-General-de-Cooperativas.pdf Rescatado 16.07.2021

Moreno L. (2017). *Del diagnóstico compartido a los cambios de solución.* Revista Mensaje, Octubre 2017 N°663, 37-40, Santiago de Chile.

Mori P.A. (2014) "Community and cooperation: the evolution of cooperatives towards new models of citizens' democratic participation in public services provision", *Euricse Working Paper* n. 63 | 14.

Naciones Unidas. (2018). *La Agenda 2030 y los Objetivos de Desarrollo Sostenible: una oportunidad para América Latina y el Caribe (LC/G.2681-P/Rev.3), Santiago.*

Picciotti A. und Bernardoni, A. und Cossignani, Massimo und Ferrucci, L., *Social Cooperatives in Italy: Economic Antecedents and Regional Distribution* (Juni 2014). Annals of Public and Cooperative Economics, Vol. 85, Issue 2, pp. 213-231, 2014, verfügbar bei SSRN: https://ssrn.com/abstract=2435346 oder http://dx.doi.org/10.1111/apce.12036

Ricoeur P. (1991), *Ética y moral.* Traducción de Luz María Traverso. Seuil. París

(2005), *Caminos del reconocimiento.* Editorial Trotta, Madrid

(2006), *Sí mismo como otro.* Siglo XXI, México.

(2009), *Ética y cultura.* Prometeo, Buenos Aires.

Robles C. (2011) *El sistema de protección social en chile: una mirada desde la igualdad.* Cepal, Santiago de *Chile*

Rubio-Rodríguez, A. Gustavo und Santos, De Almeida, F. (2021). *Auditoría social en las organizaciones del sector cooperativo: precedente de notable escenario de gobernabilidad.* Revista de Estudios Cooperativos, Madrid (ES),2021, v. 138, p. e73868-e73868-9. DOI: 10.5209/reve.73868, Verfügbar bei SSRN: https://ssrn.com/abstract=3855875

Salvatori G. (2013), *Economía cooperativa: un enfoque innovador para la sostenibilidad,* Euricse Working Paper n. 49 | 13. Clasificación JEL A14, D63, L38, P13, P46

(2011) *Las Empresas Sociales Y Cooperativas Dentro Del Nuevo Paradigma: Porque En Europa La Realidad Los Niegan La Ideologia* (Kooperative und soziale Unternehmen im neuen Paradigma: Warum in Europa die Realität der Ideologie zuwiderläuft) (10.1. 2011). Euricse-Arbeitspapiere Nr. 21/11, verfügbar unterSSRN: https://ssrn.com/abstract=1950559 oder http://dx.doi.org/10.2139/ssrn.1950559

Santelices R. (2019). *Los frutos de la Permanencia. Una cooperativa de vivienda en un mercado neoliberal.* Ril editores, Santiago

(2019 B). *Ética discursiva de responsabilidad social de la empresa.* Ril editores, Santiago

Sepúlveda M. (2014) *De la retórica a la práctica: el enfoque de derechos en la protección social en américa latina* Publicación de las Naciones Unidas ISSN 1564-4162 LC/L.3788 Copyright © Naciones Unidas, marzo de 2014. Santiago.

Wanyama F. (2014) *Cooperatives and the Sustainable Development Goals: Ein Beitrag zur Post-2015-Entwicklungsdebatte.* ISBN 978-92-2-128731-5 Maseno University, Kenia

Wilson, A. y Otros. (2021). *Analicemos nuestra identidad cooperativa.* Internationaler Genossenschaftsverband, Bruselas.

KAPITEL 2

Wohnungsbaugenossenschaften in Chile, genossenschaftliche Grundsätze und SDG

Zusammenfassung.

Die Ethik der Genossenschaften ist ein Diskurs der sozialen Verantwortung, ihre Werte sind dauerhaft; ihre Grundsätze sind zwar dauerhaft, aber nicht unveränderlich, und sie sind alle auf den Menschen ausgerichtet, während sich ihre Anwendung an das Umfeld und die Veränderungen in der Gesellschaft anpasst, in der sie ihre Dienstleistungen erbringen oder die Güter beisteuern, die sie im Rahmen der vom Internationalen Genossenschaftsverband geforderten Mindestanforderungen produzieren.

Um die Entwicklung der Genossenschaften in der Welt zu stärken, müssen sie durch ihre Werte, Grundsätze und Ziele identifizierbar sein, die kürzlich auf dem Weltkongress der Genossenschaften in Seoul überarbeitet wurden.

Es ist ratsam, ihre Praxis in regelmäßigen Abständen zu überprüfen; dieses Papier ist eine analytische Betrachtung einiger Grundsätze und ihrer Bedeutung in großen Wohnungsbaugenossenschaften in Chile.

1. Schlüsselwörter.

Ethik, kooperative Grundsätze, Werte, Ziele, Zentralität der Person.

2. Problematisierung.

In Chile ist die Wirtschaftstätigkeit im Allgemeinen nach den Konzepten der neokapitalistischen liberalen Ökonomie organisiert und konzentriert sich auf die Erzielung der höchsten Rentabilität des Kapitals mit den höchsten Erträgen für ihre Aktionäre.

Dieses Ziel wurde in der zweiten Hälfte der 1970er Jahre eingeführt, als die chilenische Wirtschaft darauf abzielte, den Menschen als Hauptschwerpunkt ihrer Aktivitäten durch Rentabilität und Wachstum des BIP und des Kapitals zu ersetzen. Zu diesem Zeitpunkt hatten die Wohnungsbaugenossenschaften keinen Zugang mehr zu kurzfristigen Krediten für den Bau und die Urbanisierung sowie zu langfristigen Hypotheken.

Um die Menschen, die unter Wohnungsnot leiden, in den Mittelpunkt ihrer Aktivitäten zu stellen und wirtschaftliche und finanzielle Ressourcen als Mittel zur Überwindung der Armut zu nutzen, förderten Fachleute, die sich der Entwicklung von Wohnungsbaugenossenschaften widmen, mehrere Genossenschaften, die sich aus Partnern aus armen, aufstrebenden Bevölkerungsschichten, die Wohnraum benötigen, sektorübergreifenden Fachleuten, die in diesem Bereich tätig sind, und einigen Stiftungen zusammensetzten und sich zu großen Genossenschaften zusammenschlossen. Auf diese Weise entstanden 15 Genossenschaften, die die Ersparnisse ihrer Mitglieder solidarisch kanalisieren und Projekte und Entwürfe unter deren Beteiligung am Entscheidungsprozess entwickeln und bauen.

In siebenundvierzig Jahren haben diese Genossenschaften Wohnraum für mehr als 250.000 Familien geschaffen, die ihr Eigentum aus der Armut heraus erworben haben.

Nur drei dieser großen Genossenschaften sind noch aktiv.

In fast fünf Jahrzehnten hat eine von ihnen ein Gesamtvermögen von 90.000.000 US$ gebildet, hauptsächlich durch die Bildung von nicht ausschüttungsfähigen Rücklagen von mehr als 90 %, wobei das von den Mitgliedern eingebrachte Kapital nur 9 % beträgt. Das Vermögen spielt eine soziale Rolle in der Branche, die es ihr ermöglicht, ihre Tätigkeit auf das ganze Land auszudehnen.

Ich werde eine phänomenologische Analyse der Praxis einiger genossenschaftlicher Prinzipien in ihrer sektoralen Anwendung vorstellen, die, ohne die SDG aus den Augen zu verlieren, mit der Strenge des Anwendungsstandards und der Bewertungsmodelle betrachtet werden sollten, die der Ausrichtung der aktuellen ICA-Richtlinien, den in der akademischen Forschung und der Fachliteratur der letzten 40 Jahre akzeptierten Konzepten und den Bestrebungen der lokalen Bürgerschaft entsprechen, wobei sie die Zentralität der Person in allen ihren Entscheidungen und Handlungen beibehalten und sich an die Ethik anpassen, die sie als authentische Genossenschaften auszeichnet.

3. Hypothese.

Ethische Werte und Grundsätze.

Damit Genossenschaften als authentisch identifiziert werden können, ist es notwendig:

1 dass jede einzelne ihrer Entscheidungen und Handlungen auf die Interessen der Menschen in allen Bereichen ihrer Beziehungen zu ihren Mitgliedern, ihren Arbeitnehmern, ihren Direktoren und Führungskräften, ihren Partnern und Dritten, die von ihrer Umgebung oder Gemeinschaft und Umwelt betroffen sind, ausgerichtet ist;

2 dass ihre Organisation, ihre Entscheidungen und ihr Handeln auf den Werten von basieren:

Selbsthilfe, Eigenverantwortung, Demokratie, Gleichheit, Gleichberechtigung und Solidarität sowie die Grundsätze der freiwilligen und offenen Mitgliedschaft, der demokratischen Verwaltung, der demokratischen Beteiligung der Mitglieder, der Autonomie und Unabhängigkeit, der Bildung, Ausbildung und Information, der Zusammenarbeit zwischen den Genossenschaften und der Sorge um die Gemeinschaft;

3 dass die "Anderen", die in ihren Mitgliedern verkörpert sind, die Gesellschaft ihrer Umgebung, einschließlich des Staates und ihrer Partner, die Präsenz der erklärten Werte und Grundsätze in ihren Entscheidungen und Handlungen erkennen. **Die Identität.**

Das Erfordernis, die genossenschaftlichen Grundsätze und ihre Werte zu übernehmen, ermöglicht es einer Genossenschaft, sich selbst zu identifizieren und von anderen erkannt zu werden, da sie die Ethik der Genossenschaften bilden. Es ist nur möglich, ihre Identität zu erkennen, wenn die erklärten Merkmale als grundlegend für ihre Handlungen und Entscheidungen angesehen werden.

Auf dem jüngsten Weltkongress der Genossenschaften in Seoul, Korea, wurde das Anliegen, eine genossenschaftliche Identität zu entwickeln, wiederholt zur Sprache gebracht, mit dem Ziel, die Genossenschaftsbewegung als die Alternative zu erkennen, die eine bessere, zeitgemäße Welt aufbauen kann, so dass jeder dort eine Tätigkeit finden kann, die in allen Bereichen nachhaltig auf seine Bedürfnisse und Ansprüche eingeht, wobei der Mensch in der Solidarität als Anfang und Ende im Mittelpunkt steht und die Wirtschaft, die Rentabilität, das Wachstum, die Innovation, die natürlichen Ressourcen und die menschlichen Fähigkeiten in seinen Dienst stellt.

Die identifizierte Einheit (Genossenschaft x) sollte ebenso identifiziert werden wie diejenigen, die mit ihr verbunden sind, insbesondere wenn sie von ihren Handlungen oder Entscheidungen betroffen sind. Wer sich auf diese Weise identifiziert, sagt auch, wer er/sie ist, weil es anerkannt wird. Die Betroffenen, die eine Genossenschaft identifizieren, sagen, dass es sich um eine Genossenschaft handelt, weil sie genossenschaftliche Werte und Prinzipien in ihrem Handeln erkennen.

Kooperative Grundsätze

Laut ICA sind "genossenschaftliche Grundsätze Richtlinien, nach denen Genossenschaften ihre Werte in die Praxis umsetzen" (ICA, 2015, 2). Die genossenschaftlichen Grundsätze bieten eine Orientierung für die Einbeziehung der beschriebenen Werte in ihr Handeln und ihre Entscheidungen. Sie sind anwendbare Leitlinien mit den Anpassungen, die das politische, soziale, kulturelle und historische Umfeld der Gesellschaft oder das Umfeld, in dem sich die Genossenschaft entwickelt, erfordert. Die Grundsätze haben sich in ihrer Erklärung und in ihrer Anzahl von ihrem Ursprung bis heute verändert, wobei die Stärke ihrer Werte erhalten blieb.

Die ICA stellt fest, dass sich die Grundsätze an die Merkmale der Gesellschaften entsprechend ihrer zeitlichen und räumlichen Ausprägung anpassen müssen.

"Trotz dieser allgemeinen Veränderungen in der Welt bleiben die Grundlagen des genossenschaftlichen Unternehmens unverändert. Die allgemeine Essenz dessen, was ein genossenschaftliches Unternehmen zu einer Genossenschaft macht, ist genauso stark und relevant für die wirtschaftliche, soziale und ökologische Qualität der heutigen menschlichen Gesellschaft, wie sie es war, als die Gründer der Genossenschaft sie zum ersten Mal im XIX. und XX. Jahrhundert verwendeten. Unsere Werte sind unveränderlich, aber die Anwendung der genossenschaftlichen Grundsätze bedarf einer ständigen Neubewertung, die mit den wirtschaftlichen, sozialen, kulturellen, ökologischen und politischen Veränderungen und Herausforderungen einhergeht." (ICA, 2015, 2)

Die Bedeutung von Genossenschaften, die sich auf allen Kontinenten und in allen Kulturen der Welt entwickeln, ist immer dieselbe, was nicht bedeutet, dass die Grundsätze in der Praxis nicht zu jeder Zeit und an jedem Ort anders zum Ausdruck kommen können.

Die Weltgenossenschaftsorganisation erinnert uns daran, dass *"Genossenschaften die einzige Art von Unternehmen sind, die über einen international vereinbarten ethischen Wertekodex verfügen und demokratisch und international nach anerkannten Grundsätzen arbeiten."* (ICA, 2015, 2)

Ein von uns akzeptierter Kodex, der von uns verlangt, dass wir die Ethik, mit der wir von Partnern und Dritten identifiziert werden, universell aufrechterhalten, weil sich diese Art von Unternehmen durch rationale Überzeugung und persönliches und kollektives Lernen und nicht durch dogmatische Auferlegung auf sie als die unsere geeinigt hat. Es gibt keine andere Art von Unternehmen, die in der Lage ist, eine universelle Akzeptanz für eine Ethik zu erreichen.

Die oben erwähnten Werte[I] sind dauerhaft, und die Grundsätze sind zwar dauerhaft, aber nicht unveränderlich. Die Genossenschaft sollte auf die Ethik reagieren, die ihre Werte widerspiegelt und in ihren Grundsätzen die Anforderungen ihrer internen Bereiche und der Gesellschaft, der sie dient und zu der sie in Beziehung steht, festhält. [II]

Das Ungleichgewicht zwischen der Zuteilung von Rechten und der ungleichen Verteilung von Gütern wird in den allgemeinen Handels- und Wirtschaftsbeziehungen als das größte Problem angesehen. [III]

Ich beschränke diese Präsentation auf dieses Konzept und analysiere die Einhaltung der folgenden drei genossenschaftlichen Grundsätze durch die großen Wohnungsbaugenossenschaften in Chile: demokratische Kontrolle, Bildung, Ausbildung und Information sowie das Interesse der Gemeinschaft an der Verwirklichung der folgenden drei SDGs: Beendigung der Armut, Gleichstellung der Geschlechter und hochwertige Bildung.

3.1. Das Ende der Armut.

In dem Bestreben, das erste Ziel für nachhaltige Entwicklung - SDG - zu erreichen, das in der von der Generalversammlung der Vereinten Nationen im September 2015 verabschiedeten Agenda 2030 enthalten ist, verstehe ich unter "Beendigung der Armut" die *Beendigung der Armut in all ihren Formen auf der ganzen Welt* und beschränke mich darauf, zur Überwindung des Phänomens der Armut im Land als eine Herausforderung der Gerechtigkeit und Integration beizutragen. Dies sollte aus einer mehrdimensionalen Perspektive angegangen werden, um es zu verstehen, zu betrachten und zu messen, was die kooperative, organisierte und umfassende Beteiligung vieler kooperativer Akteure unter anderem voraussetzt, wobei die Würde derjenigen, die darunter leiden, Teil des Phänomens zu sein, stets im Mittelpunkt steht. [IV]

Armut ist ein mehrdimensionales Phänomen, das den Mangel an überlebensnotwendigen Gütern beinhaltet, der sich in verschiedenen Lebensbereichen äußert, wie z. B.: angemessener Zugang zu Kultur, Bildung, Gesundheit, Arbeit, Eingliederung, Transport, Elektrizität, Religionsausübung, Meinungs- und Informationsfreiheit, IT und Medien, ausreichend gesunde Nahrung, Wohnraum und Geld; mit *Aporophobie*, die als Ablehnung der Armen verstanden wird; mit sozialer Segregation und, wie Amartya Sen sagt, mit dem Mangel an Freiheit und der Unmöglichkeit, die Pläne zu verwirklichen, die eine Person für ihr Leben schätzt.

Die Überwindung der Armut erfordert das sektorübergreifende Zusammenwirken von Menschen, Genossenschaften und Organisationen, die sich mit ihrer Tätigkeit *"für die gegenseitige Anerkennung der Würde und für ein Mitgefühl einsetzen, das Schranken überwindet und sich auf alle erstreckt. Das ist nicht in die Gene eingeschrieben, nicht im Gehirn verankert, sondern wir haben es in kulturellen Traditionen getrunken, die es zur humanisierenden Erfahrung schlechthin machen."* (Cortina, 81. 2017).

Ein Beitrag zur Überwindung der Armut durch das Handeln jeder Genossenschaft bedeutet, dass sie wirksam daran mitwirkt, ein Niveau zu erreichen, bei dem unter der sektoralen Perspektive, auf die sich ihr Handeln im Fall dieses Dokuments beschränkt, die Armut, die durch den fehlenden Zugang zu Wohnraum und die städtische Segregation identifizierbarer Personen entsteht und sich in Wohnungen äußert, die nicht den Mindestbedingungen entsprechen, als angemessener Wohnraum im allgemein akzeptierten Konzept oder in der segregierten Nachbarschaft, in der arme Menschen leben, registriert werden kann. Die Zusammenarbeit sollte ein doppeltes Ziel verfolgen: die Überwindung der

Armut der gesamten Menschheit und die Überwindung der Armut jedes einzelnen Menschen. [V]

In Chile war es uns gelungen, den Mangel an angemessenem Wohnraum erheblich zu verringern, aber in den letzten vier Jahren wurde dies gestoppt und sogar rückgängig gemacht.

3.2 Gleichstellung der Geschlechter

Auf dem Weltkongress der Genossenschaften in Korea wurde nicht nur vereinbart, die Verpflichtung der Genossenschaftsbewegung zu den SDG der Agenda 2030 zu ratifizieren, sondern auch zu messen, wie die SDG durch die Einhaltung jedes einzelnen der Genossenschaftsprinzipien angegangen werden.

Da sich Genossenschaften auf die Würde des Menschen konzentrieren, schließen sie Männer und Frauen gleichermaßen ein. Die Grundsätze berücksichtigen die Gleichstellung der Geschlechter, und die Schwierigkeiten beginnen, wenn die Umsetzung dieses Ziels, das "notwendig ist, um eine friedliche, wohlhabende und nachhaltige Welt zu erreichen" (Vereinte Nationen 2018.31), auf verschiedenen Ebenen der Struktur, in den Entscheidungen und Handlungen jeder Genossenschaft effektiv gemessen wird.

Ich stimme mit dieser Agenda überein und erkenne an, dass dieses Ziel die Genossenschaften in die Lage versetzen wird, eine solidarische und nachhaltige Wirtschaft zu fördern, die den Gesellschaften und der Menschheit zugute kommt.

Die Verwirklichung dieses SDG durch Genossenschaften beinhaltet die Beendigung aller Formen der Diskriminierung von Frauen, die Gewährleistung ihrer uneingeschränkten und effektiven Beteiligung auf allen Ebenen und in ihren Beziehungen zu Dritten, einschließlich Reformen der Regeln, die ihre Tätigkeit regeln, die Frauen ausdrücklich gleiche Rechte auf wirtschaftliche Ressourcen und Zugang zu Eigentum, auf die Verwaltung und Kontrolle jeder Genossenschaft gewähren, frei von Ungleichheiten, Ungleichheiten und Missbräuchen.

Die Meinungen der Fachliteratur zeigen uns, dass die am wenigsten homogenen Verwaltungsräte eine Bedrohung für den angemessenen Entscheidungsfindungsprozess darstellen und die Unabhängigkeit des Denkens der Gruppe gefährden (Fouskas, 6); dass Frauen bessere Fähigkeiten haben, um mit anderen Organisationen in Beziehung zu treten; dass sie eher bereit sind, ihre Unternehmen in philanthropische und produktive Aktivitäten für die Gemeinschaft einzubinden.

Der wichtige Punkt ist, dass Frauen auf allen Ebenen der Genossenschaften mit den gleichen Möglichkeiten wie Männer vertreten sein sollten, denn die zentrale Bedeutung der Genossenschaften beruht auf den Menschen aufgrund ihrer angeborenen Qualität, ohne ihr Geschlecht zu berücksichtigen, und es ist dringend notwendig, die Unterschiede zu beseitigen, die die Beteiligung von Frauen und Männern unter gleichen Bedingungen verhindern, und Bedingungen zu schaffen, die diese Gleichheit ermöglichen. Das Menschenrecht der Gleichstellung der Geschlechter ist mit einigen der genossenschaftlichen Prinzipien verwoben, es ist dem genossenschaftlichen Charakter inhärent, wesentlich und dauerhaft.

3.3 Gewährleistung von Bildung.

Eine der Dimensionen des Phänomens der Armut besteht darin, dass es die betroffenen Menschen auf den Zustand einer menschlichen Ressource reduziert, um Reichtum zu schaffen, die Produktivität zu verbessern und den Nutzen des Kapitals zu erhöhen, wobei vergessen wird, dass die zentrale Stellung des Menschen wirtschaftliche Aktivitäten und die Nutzung von Gütern in seinen Dienst stellt. Die in der Agenda garantierte Bildung ist integrativ, qualitativ gleichwertig und universell und schafft Lernmöglichkeiten.

Sie bezieht sich nicht nur auf die Bildung von Kindern, sondern auch auf diejenigen, die Alternativen haben müssen, um Instrumente oder Fähigkeiten zu erwerben, um die Armut zu überwinden.

Ziel ist es, bis 2030 einen gleichberechtigten Zugang zu einer qualitativ hochwertigen technischen und beruflichen Ausbildung sowie zu höheren Bildungsabschlüssen für diejenigen zu gewährleisten, die über die erforderlichen Fähigkeiten verfügen, um Zugang zu menschenwürdiger Arbeit und zu unternehmerischer Initiative für Entwicklung und nachhaltige Lebensweisen zu erhalten, und zwar unter Berücksichtigung der Menschenrechte, der Gleichstellung der Geschlechter, des Friedens und der Gewaltlosigkeit sowie der Wertschätzung der kulturellen Vielfalt.

Für die Genossenschaften bedeutet diese Garantie, dass sie das Prinzip der genossenschaftlichen Bildung, der Forschung, der Wissenschaft und der Technologie auf allen Ebenen, die ihre Struktur ausmachen, und der Gesellschaft ihres Umfelds in ihre moderne Version einbeziehen.

Zur Ausbildung gehört auch die Schulung von Mitgliedern, die bereit sind, auf höheren Ebenen der Genossenschaft Aufgaben in der Verwaltung und Kontrolle zu übernehmen, damit sie kompetent werden, die sensiblen Aufgaben zu übernehmen, die das Prinzip der demokratischen Kontrolle erfordert.

Die konzeptionelle Rechtfertigung des Engagements, das die Genossenschaften haben müssen, um an den von der Agenda vorgeschlagenen weltweiten Anstrengungen zur Verwirklichung dieser drei SDG und anderer Ziele mitzuwirken, beruht auf der Bedeutung der Genossenschaften und auf dem ausdrücklichen Mandat der Konferenz von Seoul.

4. Zielsetzungen.

4.1 Allgemeines Ziel.

Anhand einer Analyse der Tätigkeit großer Wohnungsbaugenossenschaften in Chile über einen Zeitraum von mehr als vier Jahrzehnten und der drei genannten genossenschaftlichen Prinzipien werde ich zeigen, wie das Genossenschaftssystem unter allen sozioökonomisch-politischen Umständen verbreitet und entwickelt werden kann, um das Ziel der Herausforderung der drei

SDG der Agenda 2030 zu erreichen, wobei immer die zentrale Bedeutung der Verwirklichung des Ideals beibehalten wird, dass "der Andere" uns herausfordert, dass seine Würde von der Genossenschaft an erster Stelle in der zweiten Person dargelegt wird: seine Freiheit; seine Freiheit kommt zuerst. Die ethische Freiheit ist keine Anmaßung, die von jeder einzelnen Genossenschaft ausgeht, ihr Ursprung ist der Andere, der jede einzelne in Frage stellt und verlangt, dass sie der Genossenschaft gleichgestellt ist. Die Genossenschaft verlangt von jedem, der sie vertritt, dass er das Du, den Anderen, wie mich, wie mich selbst, wie die Genossenschaft selbst betrachtet, was uns dazu bringt, uns selbst in unserer Beziehung in der Gemeinschaft unserer Umgebung zu betrachten, im Sinne von "Ich bin mein eigener Nächster, weil ich der Mitmensch meiner Nächsten bin" (Ricoeur, 2009; 143).

Die Genossenschaften, auf die ich mich in Bezug auf ihre Entscheidungen und Handlungen beziehe, haben Ziele erreicht, die über das Vorgesehene hinausgingen, indem sie sich unter bestimmten Gesichtspunkten bis an die Grenze einiger Merkmale angepasst haben, die, nachdem sie zu einem bestimmten Zeitpunkt gerechtfertigt waren, in Zukunft korrigiert und planmäßig an die Normen angepasst werden sollten, um sich zu identifizieren und sich von gemeinnützigen Einrichtungen anderer Art zu unterscheiden.

4.2 Spezifische Ziele

J. Birchall beschreibt, dass Finanzgenossenschaften drei wesentliche Elemente haben, die sie definieren: Eigentum, Kontrolle und Vorteile. Er erklärt auch, dass die Eigentümer der Mitglieder ihrerseits die Kunden sind.

Die gleichen drei wesentlichen Elemente kennzeichnen die Wohnungsbaugenossenschaften in Chile [VI], bei denen die Kunden die Eigentümer sind, was zu dem Phänomen der Identität führt, dass ein und dieselbe Person sowohl Mitglied als auch Eigentümer der Genossenschaft und Empfänger der Dienstleistung ist.

4.2.1 Demokratische Kontrolle.

Was ist demokratische Kontrolle?

Die ICA erklärt diesen Grundsatz folgendermaßen: *"Genossenschaften sind demokratische Organisationen unter der Kontrolle ihrer Mitglieder, die aktiv an der Festlegung ihrer Politik und an der Entscheidungsfindung teilnehmen. Männer und Frauen, die als gewählte Vertreter fungieren, sind für die Gesamtheit der Mitglieder verantwortlich. In den Genossenschaften der ersten Ebene haben die Mitglieder das gleiche Stimmrecht (ein Mitglied, eine Stimme), und die Genossenschaften der anderen Ebenen sind ebenfalls demokratisch organisiert"* (ICA 2015, 17).

Er enthält eine Definition der Bedeutung von Genossenschaften, die sich auf die Tatsache konzentriert, dass "die Mitglieder der Genossenschaft in einer Organisation zusammenkommen". Es handelt sich weder um eine Kapitalgesellschaft noch um eine gemeinnützige Stiftung, eine Aktiengesellschaft oder eine andere Form einer gemeinnützigen Gesellschaft auf Gegenseitigkeit. Das Phänomen, dass der Eigentümer der Genossenschaft und der Empfänger der Ware oder Dienstleistung als dieselbe Person identifiziert werden, das so genannte Identitätskriterium, ist nur für Genossenschaften typisch; [VII] die zentrale Bedeutung, die der Genossenschaft ihren Sinn verleiht, beruht auf den Mitgliedern.

Merkmale dieses Prinzips

Das erste Merkmal der Organisationen, das sich aus diesem Prinzip ableitet, ist ihr demokratischer Charakter, was bedeutet, dass ihre Mitglieder Verantwortlichkeiten und Rechte haben, die durch ihre Pflichten unterstützt werden.

Eine Eigenschaft, die für die Leitung und Verwaltung der Organisation erforderlich ist. In der Leitung vom Recht aller Mitglieder, zu wählen und gewählt zu werden, bis zur Entscheidungsfindung auf der Ebene der einzelnen Organisationen und für die Organisation, Verwaltung und Leitung aller

Tätigkeitsbereiche. Das zweite Merkmal, das in diesem Prinzip enthalten ist, ist die Kontrolle der Mitglieder, die sich aus dem elementaren *"Vier-Augen-Prinzip"* ergibt, das Blomeyer für alle Operationen der Genossenschaft nennt (Blomeyer, 165), die die Mitglieder von Rechts wegen in den verschiedenen Tätigkeitsbereichen ausüben, in denen sie miteinander in Beziehung stehen, oder in den Bereichen ihrer Verwaltung, Investitionen, allgemeine oder spezifische Politiken, einschließlich der Definition der Produkte von Waren oder Dienstleistungen, Preispolitik, Bildung von Rücklagen, neue Investitionen, Vorschlag und Wahl von Kandidaten für Positionen auf den Führungsebenen, Leitung, Kontrolle der Einhaltung der Ziele oder Festlegung der territorialen Maßnahmen der Genossenschaft, sowie die Wahl für diese Aufgaben.

Das dritte Merkmal besteht darin, dass die zur Kontrolle und Leitung der Genossenschaft gewählten Mitglieder gegenüber allen Mitgliedern dafür verantwortlich sind, wie ihre Interessen wahrgenommen, das Vermögen verwaltet und die Ziele erreicht werden.

Die Interessen der Genossenschaft umfassen die Interessen der verschiedenen Arten von Mitgliedern, von denen jedes unabhängig von der Höhe seiner Kapitaleinlagen das gleiche Gewicht hat.

Das vierte Merkmal, das für die Einhaltung dieses Grundsatzes erforderlich ist, besteht darin, dass die Mitglieder das gleiche Stimmrecht haben (ein Mitglied, eine Stimme). Die Zentralität der Person ist eines der Merkmale, die es ermöglichen, sie zu identifizieren, was durch die Tatsache belegt wird, dass sich ihre Rechte aus ihrer Mitgliedschaft ergeben und nicht aus der Höhe des eingezahlten Kapitals oder dem Umfang der Geschäfte, die jeder mit der Genossenschaft tätigt.

Dieser Grundsatz beschränkt sich nicht nur auf die Wahlen von Direktoren oder anderen Kontrollorganen oder die bloße Teilnahme an Generalversammlungen, sondern schließt auch die Kollegialität der verschiedenen Gewalten ein, die eine demokratische und gleichberechtigte

Unternehmens- und Gesellschaftsführung gewährleisten. In den Leitlinien der wichtigsten internationalen Genossenschaftsbehörde heißt es dazu:

"Die demokratische Kontrolle durch die Mitglieder beschränkt sich nicht nur auf die formalen Verfahren in den Generalversammlungen, sondern umfasst auch die Gewaltenteilung, wie in einem modernen Staat, mit internen Kontrollen. Diese Kontrollen und Gegenkontrollen sind in einer Genossenschaft wichtig" (ICA 2015, 20).

Sie bildet die Grundlage für die demokratische Wahl der Vertretungspositionen im Verwaltungsrat, die Festlegung der Politik, die Kontrolle der Verwaltung und die Vertretung der Interessen Dritter.

Diejenigen, die sowohl die Leitung als auch die Verwaltung der Genossenschaft ausüben, tun dies im Auftrag und in Vertretung der Gesellschafter, so warnt die ICA in einem ihrer jüngsten Dokumente, wenn sie daran erinnert, dass *"Genossenschaften nicht den gewählten Verantwortlichen "gehören", genauso wenig wie sie den Managern und Angestellten "gehören" können, die Positionen einnehmen, die den Verantwortlichen untergeordnet sind."* (ICA, 2015, 18)

Darüber hinaus unterliegen die Mitglieder der obersten Führungsebene und die Manager stets den Kontrollorganen der Mitglieder, die verlangen, dass *"die angenommenen Vereinbarungen eine wirksame und echte demokratische Kontrolle durch die Mitglieder gewährleisten, anstatt dass die theoretische Demokratie von einer Führungsebene oder einer Elite kontrolliert wird, die sich selbst perpetuiert."* (ICA 2015, 19)

Halten sich die großen Wohnungsbaugenossenschaften in Chile an diesen Grundsatz?

Die Kontrollorgane und die demokratische interne Verwaltung der Wohnungsbaugenossenschaften in Chile werden durch das Gesetz und die Satzung der jeweiligen Genossenschaft bestimmt. Sie heißen Verwaltungsrat[VIII] und Aufsichtsrat[IX] , und beide setzen sich aus Mitgliedern der Genossenschaft zusammen. Im erstgenannten Gremium wählt jede Art von Mitglied die Anzahl der Mitglieder, die in der Satzung festgelegt ist, sowie die von den Arbeitnehmern der Genossenschaft gewählten Mitglieder.

Ich werde mich bei meiner Analyse auf die genannten großen Wohnungsbaugenossenschaften beschränken, und zwar anhand einer von ihnen, wobei ich die Erfahrung, die beruflichen Fähigkeiten, die Integrität, die Großzügigkeit und die Dienstbereitschaft der Mitglieder des Verwaltungsrats hervorheben möchte. Der Rat besteht derzeit aus neun Mitgliedern, die von zwei Arten von Mitgliedern und den Arbeitnehmern gewählt werden, wobei jede Ebene ihre Vertreter getrennt wählt und nur zwei der Mitglieder Frauen sind.

Was die Integration der Geschlechter betrifft, so gibt es unter den acht leitenden Angestellten, die die multidisziplinäre Arbeit leisten, die eine Genossenschaft dieser Art erfordert, keine Frauen, während die Integration der Geschlechter beim Personal 44 % Frauen ausmacht. Die Mitglieder sind im Allgemeinen überwiegend Frauen.

Die Mitglieder des Verwaltungsrats, die keine Angestellten sind, werden seit Jahrzehnten, von wenigen Ausnahmen abgesehen, ohne Wiederwahl gewählt.

Der Aufsichtsrat, dessen Aufgaben gesetzlich festgelegt sind, setzt sich aus vom Vorstand gewählten Mitgliedern zusammen, von denen die meisten nicht von der Genossenschaft geschult werden, um ihre Funktionen auszuüben und ihrer Aufgabe in einer jährlichen Sitzung formell nachzukommen.

Die Ausübung der Regierungsgewalt ist stark personengebunden, wobei der Verwaltungsrat an den für das Management oder die Verwaltung typischen Funktionen und Entscheidungen beteiligt ist. [X]

Warum?

Die Beschreibung ist ein Blick auf das Prinzip der demokratischen Kontrolle in diesen Genossenschaften, und es sollte festgestellt werden, dass die erfolgreiche Arbeit dieser Genossenschaften in sozialer, solidarischer, wirtschaftlicher, finanzieller und technischer Hinsicht zu dem Ansehen beiträgt, das die Genossenschaften im öffentlichen und privaten Sektor, bei den Mitgliedern, den lokalen Behörden, der Bürgerschaft und dem Finanz- und Bankensektor erreicht haben; die eingesetzte Technologie, die Bauqualität und die erreichte Stadtentwicklung entsprechen hohen Standards der sozialen Integration und Solidarität, so dass sie als herausragende Referenz für Genossenschaften in den öffentlich-privaten Beziehungen in den Bereichen des geschützten Wohnraums, der Arbeitnehmerorganisationen und des Finanzsektors angesehen werden können.

Es gibt jedoch auch andere Formen halb-gegenseitiger Organisationen wie Wohltätigkeitsorganisationen, Gesellschaften auf Gegenseitigkeit oder Stiftungen, die das gleiche Ergebnis ohne die Beteiligung von Mitgliedern erzielen, die von ihrer effizienten Tätigkeit profitieren, aber sie sind nicht genossenschaftlich. Sie betrachten ihre Kunden als Mitglieder, ohne sie in die Unternehmensführung oder in die von einem Rat ausgeübte Kontrolle einzubeziehen, dessen Mitglieder nach ihren internen Regeln unbefristet in ihren Positionen bleiben können.

Die Form der Ausübung der Demokratie in den Bereichen Wahlen, Regierungsführung, Verwaltung und Kontrolle basiert auf den aktuellen internen und exogenen Merkmalen.

Zu den internen Gründen gehören: die kurze Dauer der Mitgliedschaft in der Genossenschaft, die weniger als fünf Jahre beträgt, die Mitglieder sind nicht mehr Mitglieder, sobald sie das individuelle Eigentum an ihren Häusern erwerben, und die Mitglieder werden nicht ermutigt, Verantwortung zu übernehmen; und das hohe Maß an Spezialisierung und Komplexität der sektoralen Tätigkeit in bestimmten finanziellen, baulichen, rechtlichen, sozialen, technischen und städtebaulichen Themen, die den Immobilien- und Sozialsektor betreffen, die nicht dem durchschnittlichen Bildungsniveau der Mitglieder entsprechen. Eine angemessene Lösung für diese beiden Merkmale wurde nicht in Angriff genommen.

Die exogenen Merkmale sind: das Umfeld, in dem die Genossenschaften entstanden sind, ein Umfeld, das 1990 endete, die Genossenschaften wurden in einem ungünstigen politischen Umfeld gegründet, das jeden Ausdruck solidarischer, demokratischer Volksaktivitäten verdächtig machte; und die Notwendigkeit, die Stabilität des Ansehens zu erhalten, das sie bei Partnern in verschiedenen Bereichen erworben haben, die ihre Entwicklung im wirtschaftspolitischen System und in der Bau- und Immobilienbranche, in der sie tätig sind, ermöglichen.

Schlussfolgerung zur Einhaltung der demokratischen Kontrolle.

Die Genossenschaften halten sich formell an den Wortlaut der im Gesetz und in den internen Satzungen enthaltenen Vorschriften.

Der Beschreibung zufolge ist es notwendig, Praktiken einzuführen, die es ermöglichen, die Bedeutung dieses Grundsatzes zu erfüllen, indem man den Empfehlungen folgt, die die ICA für ihre Mitglieder genau definiert hat, nämlich Angemessene Vertretung der verschiedenen interessierten Mitglieder;[XI] Befriedigung gemeinsamer Bedürfnisse; demokratische Kontrolle durch die Mitglieder; Gewaltenteilung in der Genossenschaft,[XII] ausdrücklich "wie ein moderner Staat" (Wilson, 20), der eine Kontrolle ausübt, die ein Gleichgewicht zwischen allen Gruppen seiner Mitglieder darstellt,[XIII] ohne dass die Mitglieder des Verwaltungsrats in die tägliche Verwaltung eingebunden sind; Nutzung der Kommunikations- und Informationstechnologie, um die notwendige Ausbildung zu erreichen, damit die Mitglieder Positionen mit mehr Verantwortung bekleiden können;[XIV] Der Verwaltungsrat soll die ständige demokratische Erneuerung überwachen, indem er neue Mitgliederkandidaten für wählbare Positionen vorschlägt;[XV]

Die gewählten Mitglieder sollen die Vielfalt der Mitglieder der Genossenschaft widerspiegeln [XVI] und geschlechtsparitätisch besetzt sein; [XVII] Das Recht aller Mitglieder, zu wählen und in den Verwaltungsrat und den Aufsichtsrat gewählt zu werden, damit dieser aus Mitgliedern besteht und sie an strategischen Entscheidungen beteiligt sind;[XVIII] Änderungen einführen, die die Wiederwahl gewählter Ratsmitglieder begrenzen. [XIX]

Die Empfehlungen der ICA und akademische Veröffentlichungen, die all diese Merkmale in anderen Erfahrungen beschrieben haben, werden in diesem Fall wie bei allen Genossenschaften helfen, ihre demokratischen Kontrollpraktiken im Lichte des universellen Konzepts der Genossenschaftsethik zu aktualisieren, das sie identifiziert und die erreichten Ergebnisse unterstützt. Denn die ICA warnt: *"Ohne eine echte und wirksame Kontrolle durch die Mitglieder wird ein wesentliches allgemeines Merkmal unserer genossenschaftlichen Identität verloren gehen"* (International Alliance, 29).

4.2.2. Bildung, Ausbildung und Information
Was sind Bildung, Ausbildung und Information?

Die Grundsätze sind der Anfang, das, was an erster Stelle steht; bei der Vereinbarung ihrer Grundsätze, einschließlich dieses Grundsatzes, stellen die Genossenschaften fest, dass sie auf den von mir genannten Werten beruhen, wobei sie darauf hinweisen, dass diese Unternehmen mit dem Angebot von Bildung begonnen haben.

Die Bildung soll die gleichen kooperativen Werte wie Demokratie, Gleichheit und Solidarität vermitteln.[XX]

Die derzeitige Definition dieses Grundsatzes sieht drei Aufgaben vor: Bildung, Ausbildung und Information.

Die ersten beiden zielen darauf ab, einen wirksamen Beitrag zur Entwicklung der Genossenschaft selbst zu leisten, und zwar auf den Ebenen ihrer Struktur: Mitglieder, gewählte Vertreter, Führungskräfte und Mitarbeiter.

Die Informationen über das Wesen und die Vorteile der Zusammenarbeit richten sich an die Gemeinschaft im Allgemeinen, insbesondere an ihr Umfeld: an junge Menschen und Meinungsführer.

Bildung an sich ist kein Wert, Bildung lehrt Werte. Die Genossenschaft erklärt, dass einer ihrer Grundsätze die Erziehung ist, denn sie ist ein Unternehmen, das die Bedeutung seiner Werte vermitteln will, damit sie in seinen Entscheidungen und Handlungen präsent sind und seine Identität widerspiegeln: Demokratie, Gleichheit und Solidarität.

Was verstehen wir unter Bildung, Ausbildung und Information?

Bildung ist eine wesentliche Aktivität, sagt unsere Weltorganisation, weil der Erfolg und die Nachhaltigkeit der genossenschaftlichen Unternehmen auf ihr beruhen; sie ist keine ergänzende Aktivität oder eine Aktivität, die für kommerzielle Zwecke, Dienstleistung oder Produktion durchgeführt wird, die rechtlich das Ziel des Unternehmens sind. [XXI]

Die Genossenschaftsbewegung ist der Ansicht, dass die Ausbildung von wesentlicher Bedeutung ist, um die Interessen ihrer Mitglieder und der Gesellschaft in der oben genannten Unternehmensform zu verwirklichen.

Nach Birchall sind Führungskräfte und leitende Angestellte, wenn sie in die Genossenschaft eintreten, nicht darauf trainiert, deren Bedeutung zu erkennen, und sie verfügen nicht über die präzise Sprache, die notwendig ist, um sie zu bewerten oder auszudrücken, wenn sie sie denn erkennen würden.

Um sich aktiv an allen Aspekten der Aktionen der Genossenschaft zu beteiligen, ist es wichtig, die Bedeutung von Gleichheit, Demokratie und Solidarität zu verstehen.

Dieser Grundsatz bezieht sich auf die Schulung der Bedeutung, die die Genossenschaften ihren Mitarbeitern vermitteln müssen, damit sie durch ihre Ethik[XXII] in der demokratischen Unternehmensleistung und der transparenten Führung, die für die Würde des anderen durchgeführt wird, identifiziert werden.

Die Bedeutung der Genossenschaften unterscheidet sich von der Bedeutung, die der Markt den Unternehmen gibt. Deshalb ist es wichtig, die Manager, die gewählten Vertreter, die leitenden Angestellten und alle Angestellten und Fachleute in den Werten, Grundsätzen und Zielen zu schulen, die es ermöglichen, dass alle ihre Handlungen und Entscheidungen ihre Identität widerspiegeln.

Die Information, die dritte Aufgabe dieses Prinzips, hat zum Ziel, die Tatsache zu verbreiten, dass die Werte, die sie identifizieren, Vorteile für die genossenschaftliche, lokale und globale Zivilgesellschaft, in die sie eingebettet sind, mit sich bringen; sie tragen wirksam zur Erreichung des Friedens, zur Überwindung der Armut, zur Gleichberechtigung der Geschlechter, zum Umweltschutz und zur Ersetzung individualistischer Praktiken durch solidarische Praktiken bei,[XXIII] zur Überwindung von Schwierigkeiten, um die beschriebene Ausübung der demokratischen Kontrolle zu vervollkommnen.

Entsprechen diese Genossenschaften diesem Grundsatz?

Diese Genossenschaften haben sich durch die Erziehung ihrer Mitglieder zu den Werten Selbsthilfe, Verantwortung, Demokratie, Gleichheit, Gerechtigkeit und Solidarität ausgezeichnet, aber das Problem ist, dass sie heute nicht Teil der durchschnittlichen bürgerlichen kollektiven Vorstellung sind.

Sie haben diese Tätigkeit über persönliche Sitzungen mit gedruckten Dokumenten, Webinar- und Zoom-Sitzungen, App und WhatsApp hinaus auf die typischen Bereiche der Zusammenarbeit und Informationen über ihre wirtschaftliche, finanzielle, institutionelle und genossenschaftliche Entwicklung ausgedehnt, aber auch auf Themen aus den Bereichen Technologie, Stadtplanung, Finanz- und Rechtsangelegenheiten und Bauwesen, um ihre informierte

Teilnahme an geschäftlichen Aktivitäten mit der Genossenschaft und bürgerlichen Aktivitäten mit der Gemeinschaft zu verbessern.

Die Aufklärung und Information der Mitglieder umfasst das, was für eine symmetrische Beteiligung an der Genossenschaft und an Dritten, die sich am Erwerb eines Hauses beteiligen, notwendig ist.

Die folgenden Themen werden angesprochen:

Bürgerliche und genossenschaftliche Solidarität;

Kooperative Prinzipien, Werte und Grundlagen;

Finanzielle Fragen im Zusammenhang mit der Genossenschaft und der langfristigen Finanzierung von Hypotheken, um sie zu befähigen, Bankdienstleistungen in Anspruch zu nehmen;

Ausbildung jedes Einzelnen als förderungswürdiges Subjekt für eine langfristige Hypothekenfinanzierung; Beratung jedes Einzelnen, um sein gesamtes Einkommen in das formale System einzubringen;

Wirtschaftliche Fragen im Zusammenhang mit der Genossenschaft und der häuslichen Familienwirtschaft;

Ersparnisse für den Wohnungsbau, die denjenigen, der sich darum bemüht, würdig machen und die Grundlage für die Finanzierung durch langfristige Kredite bilden;

Rechtsfragen im Zusammenhang mit den für den Erwerb von Eigentum erforderlichen Instrumenten und der Bedeutung von Eigentum und öffentlichem Eigentum;

Solidarisches staatsbürgerliches Verhalten; XXIV

Wertschätzung der Umwelt, in gemeinsamen Themen wie der Solidarität, die sich in der Erneuerung, der Wiederverwertung, dem Recycling und der Reparatur, der Energieeffizienz, der Pflege des Wassers, des Stadtmobiliars, der öffentlichen Plätze und Gebäude ausdrückt;

Bauwesen und technische Themen, wie Instandhaltung und Heimwerken, usw.

Diese Aufgaben schaffen eine starke Bindung zwischen den Mitgliedern, Arbeitnehmern und Fachleuten sowie eine Identifikation mit der Genossenschaft.

Schlussfolgerungen zu Bildung, Ausbildung und Information.

Wohnungsbaugenossenschaften entwickeln in der Regel spezielle Bildungs-, Schulungs- und Informationsprogramme, die sich an ihre Mitglieder, Führungskräfte, Mitarbeiter und Fachleute, die Gemeinschaft, Interessengruppen sowie lokale und nationale Behörden richten.

Die Einhaltung dieses Prinzips als eine Art und Weise zu verstehen, die Interessen des anderen zu kennen, um die Würde der Menschen in den Mittelpunkt ihrer Entscheidungen und Handlungen zu stellen, und zwar vor allen anderen Zielen oder Zielsetzungen ihres Handelns, denn dieses Prinzip ist ein wirksames Instrument für die Zusammenarbeit bei der Überwindung der Armut, der Entwicklung der Gleichstellung der Geschlechter, der Verwirklichung des Friedens, der Ersetzung der Prioritäten des individualistischen Wirtschaftssystems durch Solidarität, Gleichheit, Teilhabe und Demokratie, und es deckt sich mit den Idealen der jungen Menschen für eine bessere Welt.

Der Internationale Genossenschaftsverband (ICA) stellt fest, dass die Aus- und Weiterbildung von Mitgliedern, gewählten Vertretern, Verwaltungsangestellten und Mitarbeitern eine wesentliche Aktivität ist, da sie für den Erfolg und die Nachhaltigkeit jeder Genossenschaft von grundlegender Bedeutung ist. (Internationaler Verband der Genossenschaften, 2015. 64.)

4.2.3. Interesse an der Gemeinschaft.

"Genossenschaften setzen sich für die nachhaltige Entwicklung ihrer Gemeinschaften ein, indem sie eine von ihren Mitgliedern gebilligte Politik verfolgen." (Internationaler Verband der Genossenschaften, 91)

Dieser 1995 in den Katalog der genossenschaftlichen Grundsätze aufgenommene Grundsatz ist Ausdruck der genossenschaftlichen Ethik, die seit den ersten Genossenschaften im Vereinigten Königreich und in Deutschland praktiziert wurde, die sich um die Gemeinschaft im Umfeld der Mitglieder kümmerten. Aus dieser Perspektive haben diese Unternehmen eine Bedeutung als Gegenpol zu den von Industrie und Handel Ende des 19. Jahrhunderts eingeschlagenen Wegen.

Sie definierten ihr Ethos, indem sie der Verbesserung der sozialen und wirtschaftlichen Bedingungen der Arbeitnehmer Vorrang einräumten, mit gegenseitiger Hilfe für diejenigen, die in den städtischen Gemeinden aufgrund der Ausbeutung der Arbeitskräfte, des missbräuchlichen Einzelhandels, der Verwahrlosung der Wohnumgebung, der prekären Gesundheits- und Bildungsversorgung usw. gefährdet waren.

Die Genossenschaft ist von Anfang an um das soziale Umfeld bemüht. Es ist nicht nur der Wunsch, ein Bedürfnis zu befriedigen, der die Genossenschaft antreibt, die als ein Zusammenschluss von Menschen ein Unternehmen demokratisch verwaltet, das sich im gemeinsamen Besitz derselben Menschen befindet, die freiwillig daran teilhaben wollen. (Martínez Chaterina, 36)

Cracogna erklärt, dass sich die Verantwortung der Genossenschaften auf die Verbesserung der Bedingungen über ihre Mitglieder hinaus auf die Entwicklung der lokalen und allgemeinen Gemeinschaft einschließlich der Natur erstreckt, da ihre Tätigkeit nachhaltig sein und künftige Generationen einbeziehen sollte.

Wie lässt sich das Streben nach dem Wohlergehen der Genossenschaftsmitglieder auf die gesamte Gemeinschaft ausweiten? Weil das Wohlergehen der Mitglieder einer globalisierten Gesellschaft am besten dadurch erreicht wird, dass es auf alle anderen ausgedehnt wird, die in irgendeiner Weise dazu beitragen oder von ihr betroffen sind.

Ich verwende hier zwei Konzepte der ICA:

Die Werte der Selbsthilfe und der Verantwortung für sich selbst und die Ethik der sozialen Verantwortung und der Sorge für andere; und die Tatsache, dass dieses Prinzip durch wirtschaftliche, soziale und ökologische Nachhaltigkeit integriert ist, was ihm eine unternehmerische Bedeutung verleiht und am Erfolg der Genossenschaft mitwirkt, die als Ergebnis ihrer ethischen Identifikation verbunden ist. (Internationaler Verband der Genossenschaften, 91)

Worin besteht das Interesse der Gemeinschaft?

Die Genossenschaft ist ursprünglich ein Mittel, um ein gemeinsames Bedürfnis auf eine gemeinsame Weise zu befriedigen. Sie ist eine Alternative zu den Möglichkeiten oder dem Mangel an Möglichkeiten und eine Anwendung, anstatt "Stärke" durch "Vereinigung" zu erlangen. (Internationaler Verband der Genossenschaften, 91)

Die Bedeutung der unternehmerischen Tätigkeit der Genossenschaft ist grundlegend mit der Gesellschaft und der Umwelt verbunden, die eine komplexe, vielfältige und evolutionäre Struktur aufweisen.

Bei der Verfolgung des Gemeinwohls muss die Genossenschaft mit den Vertretern verschiedener Interessen in der Gesellschaft wie Regierungen, lokalen Behörden, Mitgliedern sozialer Organisationen, die von ihren Entscheidungen und Handlungen betroffen sind, verschiedenen Zweigen des Staates, interessierten Unternehmen, Arbeitnehmern und Wirtschaftsverbänden in Beziehung treten, um mit ihren Werten und Grundsätzen angemessen auf die Interessen der anderen zu reagieren, als wären sie Vertreter der Genossenschaft selbst.

Die Beziehung in einer evolutionären Gesellschaft erfordert dauerhaft, dass die Genossenschaft und die Mitglieder der Gesellschaft die Interessen und Eigenschaften der anderen kennen und wechselseitig bewerten, und dass ihre Tätigkeit in diesem Umfeld sinnvoll ist, um effizient und effektiv auf ihre Erwartungen an das Wohlergehen zu reagieren.

Entsprechen diese Genossenschaften diesem Grundsatz?

Sie zeigen ihr Interesse an den verschiedenen Bereichen der Gesellschaft, indem sie mit ihnen zusammenarbeiten:

Die Exekutive des Staates durch die Ministerien für Wohnungsbau und Stadtplanung, in der Diskussion und die anschließende Unterstützung der öffentlichen Politik, und die aktive Beteiligung an ihrer Anwendung, als Pioniere bei Investitionen und Anwendung;

Das Wirtschaftsministerium als Kontrollinstanz;

Das Umweltministerium und die Umweltbehörde, die Umwelterklärungen abgeben, um Maßnahmen zur Verringerung der Auswirkungen in alle von ihnen gebauten Wohnanlagen einzubeziehen;

Das Verkehrsministerium soll Studien über die Auswirkungen auf die Stadt und den Verkehr für die gleichen Projekte auswerten;

- Die Legislative durch Wohnungs- und Stadtplanungsausschüsse in beiden Kammern, die Stellungnahmen zu sektoralen Rechtsvorschriften abgeben;

- Lokale, kommunale und regionale Gebietskörperschaften;

- Im Bereich der Genossenschaften und der gemeinnützigen Wohnungsbaugesellschaften in der COVIP, dem Verband, in dem sie zusammengeschlossen sind;

- Das Genossenschaftsforum, in dem große Genossenschaften aus verschiedenen Sektoren zusammengeschlossen sind;

- Im privaten Sektor des Baugewerbes mit Beteiligung an der chilenischen Baukammer;

- Der industrielle Sektor der Baumaterialien;

- Konzessionäre von öffentlichen Versorgungsunternehmen;

- Banken und Finanzinstitute für kurzfristige Finanzierungen und Hypotheken;

- Versicherungsgesellschaften;

- Externe Fachleute, die bei einigen Projekten zeitlich befristete Dienstleistungen erbringen;

- Die lokale Gemeinschaft, mit Organisationen von Wohn- und Geschäftsnachbarn in den Orten, in denen die verschiedenen Projekte gebaut werden;

- Arbeitnehmer und Gewerkschaften.

Endgültige Schlussfolgerung

Kooperative Werte sind beständig, und obwohl ihre Grundsätze beständig sind, sind sie nicht unveränderlich und sollten an die beschriebenen Merkmale angepasst werden, um der Gesellschaft zum Zeitpunkt ihrer Anwendung gerecht zu werden.

Diese Grundsätze tragen zur Einhaltung der Agenda 2030 bei. Besonders hervorzuheben ist der spezifische Beitrag für Familien, die sich aus der Armut befreien und zusammen mit ihren Kindern an den Vorteilen der Gesellschaft teilhaben.

Möglicherweise gab es bei ihrer Anwendung Fehler oder eine Abkopplung von den Veränderungen in der Gesellschaft, die korrigiert werden können, um sie an die Bedeutung der Genossenschaftsbewegung anzupassen.

Die ethische und professionelle Qualität des untersuchten Phänomens in einem weit entfernten Land, seine Identifikation mit den beschriebenen Werten und Grundsätzen und sein solidarisches Engagement ermöglichen es, die universelle Ausdehnung der Gültigkeit der Genossenschaftsbewegung zu befürworten.

Anmerkungen

I. "Es scheint mir, dass die Idee des Wertes die Bedingung ist, unter der die Koexistenz mehrerer Personen für die Gegenseitigkeit freier Wesen möglich ist... Der erste "Wert" ist, dass der andere als Person existiert. In diesem Sinne ist nichts konkreter: Es ist das "Gesicht" des anderen, wie Emmanuel Levinas sagt, das mir sagt: "Töte mich nicht", und positiver ausgedrückt: "Liebe mich: Ich bin ein anderes Du." (Ricoeur, P., 2009, 144)

II. "Das zeigt die Erfahrung von: "Liebe mich ab dem Jahr 1989 ist, dass sich die Umstände geändert haben, und es war wichtig, zu gegebener Zeit zu zeigen, dass sich ihr Unternehmenscharakter in der Unternehmenskultur widerspiegelt, die ihr Management durchdringt und nicht nur mit der erforderlichen Effizienz, sondern vor allem auf die Bedürfnisse ihrer Mitglieder (Begünstigten) und die Erwartungen des öffentlichen und privaten Umfelds reagiert." (Santelices R. 19)

III. "Das größte Problem des zwanzigsten Jahrhunderts ist jedoch der Zugang zu den sozialen Rechten auf eine gerechte Verteilung der kommerziellen und nichtkommerziellen Güter im globalen Maßstab. In dieser Hinsicht leiden die Bürger aller Länder besonders unter dem eklatanten Gegensatz zwischen der gleichen Zuweisung von Rechten und der ungleichen Verteilung der Güter." (Ricoeur P. 2005. 207)

IV. Die Würde der Person und ihre Rechte sind die ethische Stütze der Gesellschaft, die sie bei aller Unterschiedlichkeit und Heterogenität der heutigen Gesellschaft als gemeinsames ethisches Fundament anerkennt, das als zentrales Ziel enthält, was Kant ausgedrückt hat: "Der Mensch, und überhaupt jedes vernünftige Wesen, existiert als Zweck an sich selbst und nicht nur als Mittel für irgendeinen der Zwecke dieses oder jenes Willens, und er soll in allen seinen Handlungen, nicht nur in den auf sich selbst gerichteten Handlungen, sondern auch in den auf andere vernünftige Wesen gerichteten Handlungen, immer zugleich als Zweck betrachtet werden"

(Kant, 2015; 29), und dies ist eine Prämisse, die jeder strategischen, entscheidungsfördernden Überlegung vorausgeht. (Santelices R. 2019 B, 53)

V. "Ich denke, dass die Systeme sehr konkret nach der doppelten Zielsetzung gegenüber der gesamten Menschheit und der einzelnen Person gewürdigt werden müssen" (Ricoeur, 2009, 167)

VI. "In Bezug auf das Eigentum stellt er fest, dass die Kunden Eigentümer der Genossenschaft sind und jede Person Inhaber von Genussscheinen ist. Niemand kann sie ohne ihre Zustimmung verkaufen. Das bedeutet aber nicht, dass die Mitglieder die Genossenschaft demutualisieren können. Die Genossenschaft gehört nicht nur der gegenwärtigen Gruppe von Mitgliedern, sondern ist ein Unternehmen mit einem generationsübergreifenden Vermächtnis zum Nutzen der gegenwärtigen und zukünftigen Mitglieder. Die Mitgliedschaft kann nicht übertragen werden, da es keinen Markt für die Genussscheine gibt. Auch die Kunden kontrollieren die Genossenschaft. Als Mitglieder sind sie ein integraler Bestandteil der Regierungsstruktur mit Befugnissen, die auf der persönlichen Mitgliedschaft beruhen. Jeder hat eine Stimme, unabhängig davon, wie viel Kapital er/sie investiert hat. Persönliche Übersetzung. Birchall, 214 Resilience in a downturn. Die Macht der Finanzgenossenschaften; Internationales Arbeitsamt - Genf ISBN 978-92-2-327031-5

VII. "auf das Identitätsprinzip ein, nach dem man eine Genossenschaft an der Identität von Trägern und Kunden (bzw. Lieferanten) erkennt. Dieses Identitätsprinzip, das man mit Benecke besser Identitätskriterium nennen sollte, weil dadurch seine Eigenschaft als äußeres Erkennungsmerkmal". (Eschenburg, R. 110) "auf dem Identitätsprinzip, wonach eine Genossenschaft die Identität der Mitglieder als Anbieter der Dienstleistung und Kunden (oder Lieferanten) anerkennt. Dieses Identitätsprinzip, das nach Benecke als Identitätskriterium bezeichnet werden sollte, weil es so von diesem Merkmal als Unterscheidungsmerkmal erkannt wird. Dass die Formulierung Identität von Trägern und Kunden nur Genossenschaften ohne jedes Nichtmitgliedergeschäft als solche bezeichnet, scheint mir nicht zwangsläufig zu sein. (Eschenburg, R. 110) "Es scheint mir nicht zwangsläufig zu sein, dass sich der Begriff Identität von Mitgliedern und Kunden nur auf Genossenschaften bezieht, ohne dass es in jedem anderen Geschäft eine andere Unternehmensform gibt, die den Anforderungen als solche genügt."

VIII. Artikel 24: "Der Verwaltungsrat, der von der Mitgliederversammlung gewählt wird, ist für die Leitung der Unternehmensgeschäfte zuständig und vertritt die Genossenschaft gerichtlich und außergerichtlich bei der Erfüllung des Unternehmenszwecks, unbeschadet der Vertretung, die dem Geschäftsführer obliegt, wie in Artikel 27 vorgesehen. Gesetzesdekret 5 Letzte Änderung: 12-ENE-2019 Gesetz 21130.

IX. Artikel 28: Die Generalversammlung, Gesetz 19.832, ernennt einen Überwachungsausschuss, der sich aus bis zu 5 Mitgliedern zusammensetzt, von denen 2 Personen von außerhalb der Genossenschaft sein können, die die in den Vorschriften festgelegten Anforderungen erfüllen. Dieser Ausschuss hat die Aufgabe, die Buchführung, das Inventar, die Bilanz und andere Finanzberichte sowie die anderen in der Satzung und den Vorschriften festgelegten Aufgaben zu prüfen. Gesetzesdekret 5 Letzte Änderung: 12-ENE-2130 Gesetz 21130.

X. Zwischen den beiden unterschiedlichen Funktionen, der strategischen Führungsverantwortung des Exekutivrats und den täglichen kommerziellen Managementaufgaben der Führungskräfte, muss gegenseitiger Respekt herrschen. (Internationaler Genossenschaftsverband. 28)

XI. Mehrparteien-Genossenschaften, d.h. Genossenschaften mit mehr als einer Gruppe von Mitgliedern wie Verbrauchern, Arbeitnehmern, selbständigen Unternehmern und juristischen Personen, die in den letzten Jahrzehnten entstanden sind, zeichnen sich durch besondere Bestimmungen in der Satzung aus, die eine angemessene Vertretung der verschiedenen interessierten Parteien vorsehen, z.B. unterschiedliche Bewertungssysteme für jede Kategorie von interessierten Parteien. (Wilson. 19)

XII. Eine Trennung der demokratischen und der exekutiven Befugnisse ist ebenfalls erforderlich, mit angemessenen Kontrollen und Gleichgewichten, die von den Mitgliedern kontrolliert werden. Sie müssen durch verschiedene Gremien in der Genossenschaft eingerichtet werden, die für die Organisation von Wahlen, die Festlegung der Governance-Strategie und die Überwachung von Prüfungen und Governance-Berichten für die Mitglieder zuständig sind. (Internationaler Genossenschaftsverband. 17).

XIII. Die demokratische Kontrolle durch die Mitglieder beschränkt sich nicht nur auf formale Verfahren in den Generalversammlungen, sondern umfasst auch die Gewaltenteilung wie in einem modernen Staat mit internen Kontrollen und Abwägungen. Diese Kontrollen und Gleichgewichte sind in einer einzelnen Genossenschaft wichtig, aber sie sind auch in Genossenschaften zweiter und dritter Klasse von grundlegender Bedeutung. Sie sind auch in Genossenschaftsgruppen wichtig, die komplexere Strukturen haben, wie nationale und internationale Ökosysteme des Handels und der Transformation, in denen Genossenschaften in globale Wertschöpfungsketten integriert sind, die aus verschiedenen Arten von Unternehmen und Einrichtungen, einschließlich staatlicher Stellen, bestehen." (Wilson. 20)

XIV. "Die Fortschritte in den modernen Informations- und Kommunikationstechnologien bieten neue Instrumente zur Einbindung der Mitglieder in die demokratischen Prozesse der Genossenschaft. Die "freien Technologien" haben die Schaffung und Verbreitung von Wissen durch kollaborative Innovationsprozesse erleichtert, die auf die Entwicklung genossenschaftlicher Lösungen abzielen. Gleichzeitig muss der digitalen Kompetenz und Bildung Aufmerksamkeit geschenkt werden, um das eklatante Gefälle zwischen den Ländern zu verringern." (Wilson 20)

XV.   "Alle gewählten Mitglieder des Verwaltungsrats sind bei ihrer Wahl und während ihrer gesamten Amtszeit gegenüber den Mitgliedern der Genossenschaft für ihr Handeln verantwortlich. Gemäß dem zweiten Grundsatz müssen die Genossenschaften den Verwaltungsrat für die wichtigsten Geschäftsentscheidungen verantwortlich machen und eine kontinuierliche demokratische Erneuerung durch die Aufstellung neuer Kandidaten für die gewählten Positionen gewährleisten" (Wilson. 20)

XVI.   Gemäß dem zweiten Grundsatz müssen die Mitglieder, die in verantwortungsvolle Positionen in einer Genossenschaft gewählt werden, die Vielfalt der Mitglieder widerspiegeln. Es sollten positive Maßnahmen ergriffen werden, um Menschen aus unterrepräsentierten Mitgliedergruppen zu ermutigen, sich für die Wahl in Regierungsstrukturen zu bewerben. (Wilson. 21)

XVII.   In Artikel 21 der Satzung von Cooperatives Europe heißt es: "Die Zusammensetzung des Verwaltungsrats muss die Vielfalt des Alters und des Geschlechts widerspiegeln, wobei ein Mindestanteil von 40 % an geschlechtsspezifischer Vielfalt gewährleistet sein muss." Im Jahr 2020 verabschiedete die Generalversammlung von Cooperatives Europe einen "Commitment Letter", der einen Abschnitt über die Gleichstellung der Geschlechter enthält, in dem es heißt: "Nur durch Einbeziehung, Beteiligung, Zusammenhalt und Ermächtigung von Unterschieden können wir auf dem Weg des Wandels vorankommen, von dem wir wissen, dass er ein entscheidendes Element ist, um auf die sozialen und wirtschaftlichen Herausforderungen zu reagieren, denen die Welt gegenübersteht." (Wilson, 21)

XVIII. Die Mitglieder einer Genossenschaft sind diejenigen, die letztlich die Kontrolle haben. Sie tun dies aktiv und auf demokratische Weise, indem sie das Recht haben, über wichtige strategische Entscheidungen abzustimmen und sich an der Wahl der Vertreter zu beteiligen, die die täglichen Aktivitäten ihrer Genossenschaft kontrollieren. (Internationaler Genossenschaftsverband. 18)

XIX. Die angenommenen Vereinbarungen müssen eine echte, wirksame demokratische Kontrolle durch die Mitglieder gewährleisten, anstatt einer theoretischen Demokratie, die von einem Manager oder einer Elite kontrolliert wird, die sich selbst perpetuiert. (Internationaler Genossenschaftsbund. 19) "Einige Governance-Kodizes sehen Amtszeitbeschränkungen von drei Jahren vor, nach denen sich der Vertreter zur Wiederwahl stellen muss, wobei die Höchstdauer neun Jahre beträgt. Andere, darunter auch die Allianz, haben höhere Obergrenzen für die Amtszeit: Die maximale Verweildauer einer gewählten Person im Führungsgremium der Allianz beträgt achtzehn Jahre." (Internationaler Genossenschaftsbund. 29)

XX. Die goldene Regel des Genossenschaftswesens, der fünfte Bildungsgrundsatz, verpflichtet zur allgemeinen und beruflichen Bildung der Mitglieder und ihrer Mitarbeiter, damit sie intellektuell und beruflich wachsen können. Gleichzeitig werden Informationen über das Wesen und die Vorteile der Zusammenarbeit für die Gesellschaft vermittelt, insbesondere für junge Menschen und Meinungsführer. Und man beginnt, eine weiterreichende Dimension des Kooperativismus in diesem Prinzip zu beobachten, das sich an die Gesellschaft wendet, um die Vorteile der Zusammenarbeit auf sie zu übertragen, etwas, das auch bei den letzten genossenschaftlichen Prinzipien geschehen wird.

XXI. Dies ist eine wesentliche Tätigkeit, da sie für den Erfolg und die Nachhaltigkeit eines jeden genossenschaftlichen Unternehmens von grundlegender Bedeutung ist (Internationaler Genossenschaftsverband. 64)

XXII. Die "Ausbildung" besteht darin, die praktischen Fähigkeiten zu entwickeln, die Mitglieder und Mitarbeiter benötigen, um eine Genossenschaft nach ethischen und effektiven Geschäftspraktiken zu führen und das Unternehmen demokratisch zu kontrollieren (Internationaler Genossenschaftsverband. 65)

XXIII.   Die Ausbildung besteht darin, die genossenschaftliche Identität und ihre Regeln zu verstehen und zu wissen, wie man sie in der täglichen Arbeit eines genossenschaftlichen Unternehmens anwendet. Sie umfasst auch eine breitere genossenschaftliche Bildung im Rahmen des regulären Bildungssystems. Die Ausbildung besteht darin, die praktischen Fähigkeiten zu entwickeln, die Mitglieder und Angestellte benötigen, um ihre Genossenschaft nach effizienten und ethischen Geschäftspraktiken zu führen und ihre Genossenschaft auf demokratische, verantwortungsvolle und transparente Weise zu kontrollieren. Ziel der Information ist es, dass die breite Öffentlichkeit, "insbesondere junge Menschen und Meinungsführer", sich über Genossenschaften und deren Nutzen für die Gesellschaft im Allgemeinen informieren können. Sie bündelt die Informationen, die die Mitglieder der Genossenschaft benötigen, um eine demokratische Kontrolle über ihr Unternehmen auszuüben, sowie die Informationen und das Wissen, das zwischen den Genossenschaften ausgetauscht wird. (Internationaler Genossenschaftsverband. 65)

XXIV.   In der Tat stellt die Genossenschaft in erster Linie eine Dimension dar, die sich um die Person und ihren Nutzen kümmert, da es sich um eine Zusammenkunft von Personen handelt, die gemeinsame Interessen haben und die Absicht, diese zu verwirklichen. Diese Verwirklichung findet unmittelbar unter allen statt und nicht auf irgendeine Art und Weise, sondern durch ein Unternehmen, das bestimmte Wertprinzipien aufweisen will. Um dieses Ziel zu erreichen, wird die Genossenschaft nach Prinzipien handeln. (Martínez Charterina A. 37)

Akronym

ICA   Internationale Genossenschaftsallianz

SDG   Ziele für nachhaltige Entwicklung

BIP   Bruttoinlandsprodukt

Referenzen

Alianza Cooperativa Internacional. 2015, Notas de orientación para los principios cooperativos. Bruselas, Internationale Genossenschaftsallianz

Birchall J. 2014. Resilience in a downturn: The power of financial cooperatives; Oficina Internacional del Trabajo. - Ginebra ISBN 978-92-2-327031-5 (web pdf)

Blomeyer, W. 1988 Genosensenschaftliches Ehrenamt und Vier Augen Prinzip. Zeitschrift für das gesamte Genossenschaftswesen. Band 38, Heft 3 pag 164, 175. Nürnberg, Vandenhoeck und Ruprecht ISSN 0044-2429

Cortina A. 2017, Aporofobia, el rechazo al pobre, Un desafío para la democracia. ISBN 978.950-12-9600-6 Buenos Aires, Paidós.

Eschenburg, R. 1973 Konflikt oder Harmonietheorie der Genossenschaften Soderdruck aus Zeitschrift für das gesamte Genossenschatswesen) Band 23 (1973) Heft 2 2 Quartalsheft 1973 pag 101, 114. Nürnberg, Vandenhoeck und Ruprecht

FOUSKAS P. und D'ISANTO F. 2021 Does the Share of Female Managers Affect the Firm's Geographic Spread? Evidence from the UK.JEOD - Vol. 10, Issue 2 (2021)

JEL-Klassifizierung: G34, J16, L21, M21 | DOI: 10.5947/jeod.2021.007

ILO 2022 , Actas 7ª Conferencia Internacional del Trabajo - 110.ª reunión, 2022 Fecha: 09 de junio de 2022, Ley General de Cooperativas Web. Mayo 2022 https://asociatividad.economia.cl/wp-content/uploads/2020/03/ Ley-Generalde-Cooperativas.pdf

Martínez Charterina, A. 2015. Las cooperativas y su acción sobre la sociedad Revista de Estudios Cooperativos, núm. 117, enero-abril, pp. 34-49 ISSN : 1135-6618 Madrid, REVESCO

Messina A.L. 2020, Feminismo y revolución. Crónica de una inquietud, Santiago 2019, Fragmentos de una paz insólita. Edición Metales pesados, Santiago

Moreno L. 2017, Del diagnóstico compartido a los cambios de solución. Revista Mensaje, Octubre 2017 N°663, 37-40, Santiago de Chile. Mori P.A. (2014) "Community and cooperation: the evolution of cooperatives towards new models of citizens' democratic participation in public services provision", Euricse Working Paper n. 63 | 14. Naciones Unidas. 2018, La Agenda 2030 y los

Objetivos de Desarrollo Sostenible: una oportunidad para América Latina y el Caribe (LC/G.2681-P/Rev.3), Santiago.

Ricoeur, P. 1991, Ética y moral. Traducción de Luz María Traverso. Seuil. París

2005, Caminos del reconocimiento. Editorial Trotta, Madrid 2006, Sí mismo como otro. México, Siglo XXI,

2009, Ética y cultura. Buenos Aires, Prometeo,

Santelices R. 2019, Los frutos de la Permanencia. Una cooperativa de vivienda en un mercado neoliberal. Ril editores, Santiago

2019 B., Ética discursiva de responsabilidad social de la empresa. Ril editores, Santiago 19

Wilson, A. y Otros. 2021, Analicemos nuestra identidad cooperativa. Bruselas, Internationaler Genossenschaftsverband,

KAPITEL 3

Diskursethik der kooperativen sozialen Verantwortung

Die Identität.

1. Zusammenfassung

Wenn die kooperative Ethik, C.E., diskursiven Ursprungs ist, kann sie tatsächlich traditionelle Prinzipien in ihre Konstitution einbeziehen, deren Praxis diese Assoziativität charakterisiert und ihr Fundament bildet.

Anerkennung der sozialen und solidarischen Verantwortung mit jedem von ihnen unter der gleichen diskursiven Argumentation mit der gleichen und fairen Beteiligung aller Interessengruppen in den verschiedenen Sektoren in seiner Struktur, wie die Umwelt und die betroffenen Akteure.

Sie drückt sich in den universellen Mindestanforderungen aus, an denen sich alle ihre Entscheidungen und Handlungen orientieren und die sie als genossenschaftlich identifizierbar und erkennbar machen.

Die vorgeschlagenen diskursiven C.E. ermöglichen es, bei der Aktualisierung der Praxis der genossenschaftlichen Grundsätze vor allem in den Bereichen der demokratischen Anwendung derjenigen, die ihre Beteiligung ausüben, voranzukommen.

Ihr Prinzip und ihr Ziel ist die gleichberechtigte Würde des Anderen wie seiner selbst, wobei sie alle anderen Bereiche ihres Handelns als Mittel zur Erreichung dieses Ziels einsetzt.

2. Schlüsselwörter

Diskursethik; Soziale Verantwortung; Universalisierbarkeit; Erforderliche Mindeststandards; Selbstsein des Anderen. Diskursethik; Soziale Verantwortung; Universalisierbarkeit; Erforderliche Mindestanforderungen.

3. Einleitung.

Ein hermeneutisches Phänomen, bei dem die Sorge um die unterschiedlichsten sozialen Gruppen der Welt zusammenfällt und unterschiedslos Menschen aller Kulturen, Rassen, Glaubensrichtungen, Sprachen und Berufe betrifft; es ist das Verhalten von Unternehmen bei ihren Aufgaben in den Gesellschaften, in denen sie tätig sind.

Es tut mir leid, sagen zu müssen, dass ich mich wie bei jeder philosophischen Analyse wundern werde, ohne die Antwort gefunden zu haben, diese Antwort, die wir normalerweise in einem kooperativen Unternehmen haben müssen, bevor wir eine Entscheidung treffen oder Maßnahmen ergreifen. Ich werde die Antwort auf dem Gebiet der Philosophie suchen. Ich werde einen Weg vorschlagen, auf dem wir intersubjektiv und kollektiv eine Antwort auf die Frage finden: "Wie können wir uns in Anbetracht der Teilnehmer aller Kontinente an diesem Forschungskongress vor dem 33. genossenschaftlichen Weltkongress in Seoul auf eine genossenschaftliche Ethik mit größtmöglicher Universalität in Zeit und Raum einigen?

Unter der Prämisse, dass die Forschung über die genossenschaftliche Identität wird einen Beitrag zu dem Weg der kontinuierlichen Verbesserung und Entwicklung der Formulierung der minimalen universalizable Anforderungen der C.E. vorschlagen, dass sie diskursiv und Ausübung der sozialen Verantwortung.

Obwohl es sich bei den Begriffen Ethik und Moral um Ausdrücke handelt, die im alltäglichen Gebrauch identisch sind und etymologisch meist verwechselt und mit der gleichen Bedeutung belegt werden, werden wir ihnen diesmal eine andere Bedeutung geben, die beiden angemessen ist: Wir werden die Moral als ein Modell verstehen, das das Verhalten auf der Ebene der Handlungen des täglichen Lebens erklärt; die Ethik rechtfertigt die Moral, indem sie sie auf die Ebene des Bewusstseins stellt, wo ihre Bedeutung darin besteht, die Anwendung der im täglichen Leben entdeckten ethischen Grundsätze zu orientieren" (Cortina, 2011; 20.)

Mit anderen Worten: Die moralische Dimension regelt die Handlungen des täglichen Lebens entsprechend dem Verhalten der Genossenschaft, und die Ethik stellt das Phänomen und den Sinn in der Genossenschaft in Frage. (Santelices, 2019, 27)

Die genossenschaftliche Moral umfasst ihre eigenen ethischen Werte wie die Befriedigung menschlicher Bedürfnisse, die ihren grundlegenden Zweck definiert; die Förderung der Eigeninitiative ihrer Mitglieder, einschließlich der Mitglieder, die in den Genossenschaften arbeiten; die Sinngebung ihrer Tätigkeit in einem Rahmen der Gerechtigkeit, der das gemeinsame Interesse einschließt; die Solidarität oder Mitverantwortung mit der Gesellschaft in ihrem Umfeld; die Übernahme angemessener Risiken, um das erforderliche Wachstum zu erhalten. Dies geschieht unter Beachtung der Legalität und der Kultur der Gesellschaft in ihrem Umfeld; Ethik und C.E. stehen über dem Gesetz, und es ist möglich, dass nicht alles, was gesetzlich erlaubt ist, mit ihrer Ausrichtung übereinstimmt.

C.E. reagieren auf die Merkmale der Ausrichtung ihres Denkens, die in den von der International Cooperative Alliance (ICA) definierten Grundsätzen enthalten sind, in der Gesellschaft ihrer Umgebung und entwickeln diese Ethik, um die Handlungen ihrer Mitglieder zu leiten; je nach der Bedeutung, die jede Kultur der Gesellschaft verleiht, können Unterschiede in der Ethik jeder Genossenschaft beobachtet werden.

Obwohl C.E. das Ergebnis des Denkens einer jeden Gesellschaft sind, streben sie danach, in dieser Gesellschaft universell zu sein, im Einklang mit der plurinationalen Universalität, die das kommunikative Handeln in der ganzen Welt umschreibt. Es handelt sich um einen Anspruch, der für andere Gemeinschaften in anderen Zeiten und unter anderen Umständen kaum gültig ist. Der Sinn von C.E. ist nicht, das Verhalten zu steuern. Sie hat nicht die Absicht, jeder Person oder Genossenschaft zu sagen, was gut oder schlecht ist; das ist das Ziel der Moral.

Die Ethik, die wir jetzt analysieren werden, ist das, was der Moral der Genossenschaft einen Sinn gibt, die jede der Entscheidungen und Regeln der Handlungen regelt, die sie gemäß einer Wertung kontextualisiert. "Mir scheint, dass die Idee des Wertes die Bedingung ist, unter der mehrere Personen zum gegenseitigen Nutzen freier Wesen koexistieren können. Die Gerechtigkeit ist keine himmlische Entität: Sie ist die Regel zur Schlichtung gegensätzlicher Forderungen...Der erste Wert ist, dass der andere als Person existiert. In diesem Sinne gibt es nichts Konkreteres: Es ist das Gesicht des Anderen, wie Emmanuel Levinas sagt, das zu mir sagt: ..." liebe mich, ich bin ein anderer du" (Ricoeur, 2009; 144). Das Interesse des Einzelnen an sich selbst ist ein radikales Prinzip der zivilen Ethik und insbesondere der Ethik des K.E., die ihr Ziel im Gemeinwohl sieht.

Öffentliches Gut, das die Anwendung der Gerechtigkeit erfordert, "die Gleichheit als ethischer Inhalt der Bedeutung der Gerechtigkeit" (Ricoeur, 2006; 202), eine Tugend, die diejenigen einschließt, die über sich selbst hinausgehen, die sich auf andere beziehen oder mit ihnen umgehen wie mit sich selbst; deshalb stellt Aristoteles die Gerechtigkeit über alle anderen Tugenden, weil ihre Ausübung nicht nur demjenigen zugute kommt, der sie ausübt, sondern ein Gut für andere ist, "weil derjenige, der sie besitzt, sich anderen gegenüber tugendhaft verhalten kann und nicht nur sich selbst gegenüber" (Aristoteles, 2007; 155).

Dass C.E. diskursiv sind, ist ein Bestreben dieses Artikels, eine Forderung, die sich unter anderem aus der Verbindung von C.E. mit der bürgerlichen Ethik ergibt, indem ihre Merkmale das Produkt eines Dialogs zwischen der Genossenschaft und anderen betroffenen Parteien sein können[1] . C.E. ist nicht heteronom, es ist weder auf eine historische Auferlegung zurückzuführen noch entsteht es aus der Schaffung einer Gruppe angesehener Personen; es liegt in einer solidarischen Konstruktion mittels einer kommunikativen Handlung der Welt im

---

[1] Unter *"betroffenen Personen oder allen betroffenen Personen"* werden in diesem Artikel alle Männer und Frauen in der Umwelt verstanden, die aufgrund der Folgen und Auswirkungen, die sich aus den Handlungen oder Entscheidungen der Genossenschaft, ihren Auswirkungen oder Abschwächungen ergeben, ihre Interessen positiv oder negativ berührt sehen, sei es als Beteiligte, Verbraucher, Lieferanten, Finanziers, Arbeitnehmer, externe Fachleute, staatliche Stellen oder Vertreter der Interessen von Umwelt oder Tieren.

Leben der Genossenschaft, die das kulturelle Erbe der Umgebung, in der diese Handlung stattfindet, berücksichtigt. Diese Anforderung, dialogisch, rational und argumentativ zu sein, erfordert Phronesis.

Aufgrund ihres solidarischen Charakters erhält die Genossenschaft Verfahren aus der bürgerlichen Ethik, um ihre Grundsätze mit Hilfe der kritischen Hermeneutik zu formulieren, was ihr eine universelle Ausrichtung ermöglicht, die die erforderlichen Mindestinteressen jeder der betroffenen Interessengruppen einschließt.

Die Ethik, die sich radikal am Denken der Gesellschaft orientiert, in die die Genossenschaft eingebettet ist, stützt ihre Grundsätze auf ein Streben nach Universalität, und zwar rational und emotional, ohne sich auf apriorische Überzeugungsprinzipien zu beschränken. Ihr Ziel und Grundprinzip ist die Gerechtigkeit und das Wohlergehen ihrer Partner und aller, die von ihren Entscheidungen und Handlungen betroffen oder daran beteiligt sind. Sie bekräftigt die Orientierung der Prinzipien ihres Verhaltens an einer Wahrheit, die dialogisch, mittels argumentativer Rationalität, erreicht wird und die es ihr ermöglicht, in einem Rahmen der Gerechtigkeit im solidarischen Prozess der Produktion der Güter oder Dienstleistungen, die ihr Ziel sind, moralisch bewertet zu werden.

Wenn Ethik diskursiv ist, vermittelt sie jeder Genossenschaft das Vertrauen der Gesellschaft in ihre Umwelt, das zur Erreichung ihrer sozialen Ziele und der Ziele ihrer Tätigkeit unerlässlich ist.

Durch Reflexion und rationalen Dialog strebt C.E. danach, sich auf die minimal erforderlichen Prinzipien zu einigen, mit einem Anspruch auf Universalität in der Multikulturalität und Vielfalt in der Welt, im Leben der Umgebung, in der jede der Entitäten agiert, indem sie das Wohlergehen ihrer Mitglieder, ihrer selbst und der anderen, die betroffen sind, anstrebt.

Wozu ist Ethik wirklich nützlich? ist der Titel eines Aufsatzes der Philosophin Dra. Adela Cortina, in dem sie feststellt, dass wir unweigerlich moralische Wesen sind, und erklärt, wie man das Beste aus dieser menschlichen

Bedingung herausholen kann. Sie beantwortet die Frage mit den folgenden neun "utilitaristischen" Argumenten, die die Notwendigkeit der Entwicklung von C.E. unterstützen:

- Kosten senken und Wohlstand schaffen;
- Einen guten Charakter zu pflegen;
- Sich um sich selbst und um andere kümmern zu wollen;
- Vom dummen Egoismus zur intelligenten Zusammenarbeit übergehen;
- Die Freiheit solidarisch zu erobern;
- Erkennen und schätzen, was einen Wert hat;
- Wir wollen Profis sein, nicht nur Techniker;
- Aufbau einer echten Demokratie;
- Gerechtigkeit und Glück zu verbinden:

4. Genossenschaftsethik C.E. in Unternehmensethik als Teil der angewandten Ethik

Ethik, *ήθος*, bedeutet auch Charakter. Mit anderen Worten: Die Tugend, der Charakter, ergibt sich aus der Anwendung der Vernunft auf die Fähigkeit zu wollen und auf die damit verbundenen emotional-leidenschaftlichen Zustände" (Boeri, 2007; 158) als Ergebnis von Vernunft und Emotion. Es handelt sich nicht um reines Wissen, sondern um die Anwendung des Wissens auf den praktischen Gebrauch, auf das Handeln.

Für Gadamer besteht der große aristotelische Beitrag, den man nicht vergessen sollte, darin, "die praktische Vernunft mit den Situationen des Lebens zu verbinden und sich auf die Bedingtheit des moralischen Wesens zu konzentrieren, indem man den universellen Aspekt in jeder der Situationen spezifiziert" (Conill Sancho, 2010; 147).

Ethik der Genossenschaft.

Die ICA, die uns einlädt, jetzt zu recherchieren, definiert Genossenschaften universell. Dies ermöglicht uns, uns an die offizielle Stimme des wichtigsten Vertreters der Genossenschaften zu wenden, die verkündet, dass nach der Definition der genossenschaftlichen Identität jede Vereinigung dieser Art "eine autonome Vereinigung von Menschen ist, die sich freiwillig zusammengeschlossen haben, um ihre gemeinsamen wirtschaftlichen, sozialen und kulturellen Bedürfnisse und Bestrebungen durch ein gemeinsam besessenes und demokratisch kontrolliertes Unternehmen zu bewältigen."

(https://www.ica.coop/en/cooperatives/cooperative-identity, 2021)

Die ICA schlägt vor, dass wir in diesen Vereinigungen, die korporative Instrumente sind, die wir als genossenschaftliches öffentliches Eigentum demokratisch kontrollieren, eine Gruppe von Menschen zusammenbringen, die sich freiwillig zusammenschließen, um solidarisch mit einem gemeinsamen Beitrag zu wirtschaften, um die Bedürfnisse zu decken und die Güter oder Dienstleistungen zu erhalten, die wir als Ziel anstreben. Diese Güter und Dienstleistungen können in den verschiedensten Bereichen menschlicher Aktivitäten liegen, in der Wirtschaft, im sozialen Bereich, in der Kultur, in der Umwelt, usw.

"Sie sind Unternehmen, die ihren Mitgliedern gehören, die sie leiten und verwalten. Unabhängig davon, ob es sich bei den Mitgliedern um Kunden, Beschäftigte oder Einwohner handelt, haben alle das gleiche Stimmrecht bei der Tätigkeit des genossenschaftlichen Unternehmens und die gleiche Gewinnverteilung.

Als Unternehmen, die auf Werten beruhen, die über die reine Erzielung wirtschaftlicher Gewinne hinausgehen, teilen Genossenschaften einige international vereinbarte Grundsätze und handeln gemeinsam, um durch Zusammenarbeit eine bessere Welt zu schaffen."

(https://www.ica.coop/en/cooperatives/cooperative-identity, 2021).

Wir Genossenschaften teilen der Welt mit, wer wir sind, indem wir genau die Elemente liefern, die notwendig sind, um jeden mit unseren Eigenschaften, einschließlich unserer Interessen, vertraut zu machen. Wir können damit beginnen, unsere Ethik aufzubauen, um in dem Umfeld, in dem jeder seine Tätigkeit ausübt, beurteilt zu werden und Vertrauen zu gewinnen, indem wir detaillierte Leitlinien und Ratschläge für genossenschaftliche Unternehmen über die freie Anwendung der Grundsätze der Selbsthilfe, der Selbstverantwortung, der Demokratie, der Gleichheit, der Fairness und der Solidarität im Bereich der ethischen Werte der Ehrlichkeit, der Aufnahmebereitschaft, der sozialen Verantwortung und des Respekts vor der Würde des anderen beisteuern.

Die Würde wird in erster Linie in der zweiten Person betrachtet: Ihre Freiheit; Ihre Freiheit steht an erster Stelle. Die ethische Freiheit ist kein Streben, das von jedem von uns ausgeht; ihr Ursprung ist der andere, der uns interpelliert und verlangt, mir oder uns gleich zu sein. Die Genossenschaft fordert in ihren Prinzipien die Würde des Menschen, so dass wir dich, das andere Ich, wie mich selbst haben, was dazu führt, dass wir uns in unserer Beziehung zur Gemeinschaft unserer Umgebung im Sinne von "Ich bin mein eigener Nächster, weil ich der Nächste meiner Nächsten bin" betrachten (Ricoeur, 2009; 143).

Von der handwerklichen Fischereigenossenschaft in einer kleinen Bucht im südlichsten Teil der Welt oder den Sammlern von Pappe und Plastik für das Recycling in der Stadt Buenos Aires bis hin zu jeder der 835 deutschen Genossenschaften für erneuerbare Energien mit mehr als 200.000 Mitgliedern und Investitionen in Höhe von 3,2 Milliarden Euro, übt die Genossenschaft ihre Tätigkeit in einer technologischen Gesellschaft aus, in der die Technik selbst das Phänomen ist, das aufgezwungen wird. Bei jeder Genossenschaft steht die Würde der Menschen, mit denen sie zu tun hat, im Mittelpunkt ihres Handelns, wobei diese Art der Assoziativität in den Kontext des solidarischen Marktes gestellt wird. Im Lichte eines allgemein anerkannten Konsenses bekräftigen wir die Würde der Menschen als erstes Prinzip. Es ist festgelegt und anerkannt, dass die folgenden sieben Prinzipien unser *Ethos* ausmachen, und sie sind das Merkmal, das die Natur unserer Vereinigungen identifiziert: 1. Freiwillige und offene Mitgliedschaft; 2. demokratische Kontrolle der Mitglieder; 3. wirtschaftliche Beteiligung der Mitglieder; 4. Autonomie und Unabhängigkeit; 5. Bildung, Ausbildung und Information; 6. Zusammenarbeit zwischen den Genossenschaften; 7. Gemeinschaftsgefühl.

Dies ist die radikale Formulierung unserer Ethik. Ich präsentiere sie, weil C.E. das transversale Element ist, das es ermöglicht, im täglichen Leben das assoziative Merkmal zu zeigen, das uns dauerhaft identifiziert. Meine Behauptung für die Betrachtung dieser Forschungskonferenz über die kooperative Identität basiert auf dieser Idee, dass C.E. diskursiv erreicht wird, indem man versucht, mit universeller Gültigkeit und ohne Anspruch auf absolute Wahrheit, solche Fragen wie die folgenden zu beantworten:

Ist es notwendig, dass C.E. in seinem Ursprung diskursiv ist?

Ist soziale Verantwortung für C.E. wesentlich?

Können wir uns mit diesen Merkmalen, die vor allem im 19. Jahrhundert festgelegt wurden, solipsistisch identifizieren?

Wäre eine Ethik akzeptabel, die diese Merkmale im kommunikativen Handeln von Genossenschaften als gültige Norm in Anerkennung der Würde ihrer Mitglieder anerkennt, ohne die Personen einzubeziehen, die ihr Umfeld in unserem fortgeschrittenen 21. Jahrhundert bilden?

5. Diskursive Ethik

Die C.E., die in der Regel von Mitgliederausschüssen oder leitenden Angestellten in genossenschaftlichen Strukturen formuliert und durch Ethikkodizes kontrolliert wird, die unter den Mitgliedern und Arbeitnehmern verbreitet werden, strebt nach Universalität, um das Verhalten ihres Verbandes auf das Erreichen des Gemeinwohls auszurichten, was die Darstellung der bürgerlichen Ethik als ein Phänomen darstellt.

Ich schlage vor, dass ihre Formulierung oder Aktualisierung diskursiv und unter Einbeziehung aller Betroffenen in ihrem Umfeld erfolgt, denn wer beurteilt, ob ihre Handlungen den Kriterien der Gerechtigkeit und Umsicht, der Gleichheit, der Gleichberechtigung, der Achtung und des Schutzes der Umwelt, der Nichtdiskriminierung und den Werten, die unter den dargelegten kooperativen Prinzipien erforderlich sind, entsprechen, ist jedes einzelne Mitglied der betroffenen Gesellschaft.

In Anlehnung an Jürgen Habermas können wir vorschlagen, dass, wenn die Definition von C.E. diskursiv ist, sie festlegen sollte, dass jeder, der ernsthaft versucht, sich an einem Argument zu beteiligen, um es zu definieren, implizit universelle pragmatische Annahmen akzeptiert, die einen regulativen Inhalt haben; so soll das ethische Prinzip aus dem Inhalt der Argumente abgeleitet werden, über deren Analyse sich alle einig sind (Habermas, 2018 b; 19).

Die Ethik unserer Verbände orientiert sich an Verhaltensweisen, die Auswirkungen auf mehrere Umgebungen und Gruppen von Betroffenen mit unterschiedlichen Interessen haben.

Die Globalisierung, die Allgemeingültigkeit des Namens "COOP" und sein gegenwärtiger Zustand machen es schwer, eine universalisierbare Ethik zu bestimmen, die seine Merkmale identifiziert und repräsentiert, denn die Diversifizierung der Betroffenen erfordert eine diskursive Rationalität, wenn man bedenkt, dass "die Regeln, die für eine Universalisierung anfällig sind, genau diejenigen sind, die mit einer allgemeinen Zustimmung rechnen und intersubjektive Anerkennung erreichen können, wenn sie eindeutig ein gemeinsames Interesse aller Betroffenen beinhalten" (Habermas, 2018; 76).

1. Da die Gerechtigkeit, das Gemeinwohl und das Glück der Menschen das Ziel der Ethik ist, ergänzt C.E. sie durch Grundsätze wie Freiheit, Solidarität mit allen, insbesondere mit den Armen, Gleichheit, Nichtdiskriminierung, Integration, Vielfalt, Arbeitnehmerrechte,

Verbraucherschutz, faire Preise, Umweltschutz, Ablehnung von Korruption und

2. Anwendung radikaler genossenschaftlicher Grundsätze und Werte in der Unternehmenskultur aufgrund des Strebens nach Loyalität zu ihrer Kultur und Originalität.

C.E., das die Genossenschaften in der Vielfalt orientieren will, verlangt, dass sie für die jeweilige integrative Universalität empfänglich sind:

Einbeziehung von Normen von gemeinsamem Interesse für alle Betroffenen;

allgemeine Zustimmung finden und

die Zustimmung aller zu erhalten.

Wenn C.E. diskursiv ist, muss jede gültige Norm die Bedingung erfüllen, dass die Folgen und Folgewirkungen den Interessen aller Betroffenen entsprechen und von ihnen akzeptiert werden können.

Das argumentative dialogische Handeln, das die Gültigkeit und Rationalität der Gesprächspartner anstrebt, stellt die volle Fähigkeit her, die Perspektiven aller von seinen Entscheidungen und Handlungen betroffenen Parteien zu berücksichtigen, um die Universalität seiner Tugenden, Prinzipien und Werte gegenüber den individuellen Präferenzen zu erreichen, in Übereinstimmung mit der Reflexion *seiner selbst* und der erreichten Konvention; mit anderen Worten, "sich zugunsten der kommunikativ hergestellten zwischenmenschlichen Beziehungen zu entfremden" (Habermas 2018 b; 19), indem es auf die Rationalität der Argumente zugunsten der besseren intersubjektiven Argumentation verzichtet, zu der es sich bekannt hat.

Kommunikative Maßnahmen zu diesem Zweck erfordern die Beteiligung von Sprechern, die die Interessen aller betroffenen Personengruppen sowohl innerhalb ihrer korporativen Verbandsstruktur als auch in ihrem Umfeld vertreten.

Die Notwendigkeit für die Genossenschaft, in Übereinstimmung mit der von ihrer Umgebung akzeptierten Ethik zu handeln, einschließlich der Ethik der universellen Organisation, die sie identifiziert, ergibt sich nicht nur aus der Verpflichtung, zu berücksichtigen, was die *anderen*, betroffenen *Selbste* von ihr erwarten, sondern weil ihr Ziel das "Wohlergehen" ihrer eigenen Würde und der Würde aller ist, die verlangt, dass sie auf diese Ethik reagiert und sich mit ihr identifiziert.

Die Genossenschaft eröffnet eine Alternative: für die anderen, deren Interessen betroffen sind, damit sie sie moralisch würdigen und in ihren Handlungen die erforderlichen Mindesttugenden, Prinzipien und ethischen Grundsätze erkennen können, die es ihnen leicht machen, ihr zu vertrauen, und die es anderen ermöglichen, sie als genossenschaftlich zu erkennen. In Anlehnung an García Marzá, der sich auf die Managementethik bezieht, besteht die Idee, die C.E. aus dieser Perspektive vermittelt, in der Behauptung, dass eine Kooperative dann als ethisch zu bezeichnen ist, wenn sie die Zustimmung aller Parteien erreicht oder erreichen kann, mit anderen Worten, wenn sie mit allen Interessen aller betroffenen Teilnehmer der kommunikativen Handlung übereinstimmen kann (García Marzá, 2004; 162).

Um einer Kooperative einen Sinn zu geben, muss es gelingen, dass sich alle Betroffenen als Teilnehmer auf einen praktischen Diskurs einigen, für den jede dieser Normen gilt. In der Interpretation von Habermas erfordert dieses diskursive kommunikative Handeln eine echte kooperative Anstrengung, eine gemeinsame Aufgabe, die von allen Beteiligten übernommen wird.

An dieser dialogischen Aktion müssen die betroffenen Gesprächspartner gleichberechtigt teilnehmen, um sich auf das *Ethos* der Kooperative zu einigen, wobei die Merkmale der Kultur der betroffenen Umgebung zu berücksichtigen sind, und bereit sein, die Möglichkeit eines eigenen argumentativen Fehlers bei der Erklärung der Grundsätze von C.E. zu akzeptieren, wobei die Sorge um das Gemeinwohl Vorrang hat.

Die Beteiligung der betroffenen Gesprächspartner kann als ein virtueller Prozess der gegenseitigen Verständigung verstanden werden, *"der durch seine*

Form alle Beteiligten gleichzeitig zur Rollenübernahme zwingt". Dadurch wird es möglich, die von jedem individuell und privat gespielten Rollen in eine öffentliche kollektive Handlung zu verwandeln, *"die von allen intersubjektiv praktiziert wird."* *(Habermas, 2018 b; 18)*

Die diskursive Form in der Genossenschaft kann eine Aktualisierung in der Verwirklichung ihrer ethischen Normen zum Ausdruck bringen, die sich auf die fortschrittlichste Berücksichtigung ihrer oben genannten Prinzipien stützt, einschließlich:

- Die demokratische Kontrolle, die über die Wahl der Mitglieder des Verwaltungs- und Kontrollrats hinausgeht und über relevante Angelegenheiten ihrer Verwaltung entscheidet, erhebt sie zur Definition der leitenden ethischen Normen all ihrer Entscheidungen und Handlungen; und bezieht nicht nur ihre Mitglieder in die demokratische Praxis der Genossenschaft ein, sondern auch die Suche nach ethischen Normen von universeller Gültigkeit, um die Moral jeder ihrer Handlungen zu orientieren. Die Mehrheit der Sprecher reicht nicht aus, um den Normen und Vereinbarungen der Diskursethik Gültigkeit zu verleihen. Dazu ist es notwendig, zu einer einmütigen Zustimmung vorzudringen, mit der Bereitschaft zur Achtung der Integrität jeder Person im Besonderen und des lebensnotwendigen Beziehungsgeflechts der gegenseitigen Anerkennung der Würde eines jeden.

- Fortgeschrittene Beteiligung an der Wirtschaft der Mitglieder, am diskursiven, argumentativen Dialog, um die Mindestanforderungen zu bestätigen, die erforderlich sind, um sich auf die Normen zu einigen, die die Prinzipien von C.E. definieren, in dem Bewusstsein, dass in dieser Assoziativität *"niemand seine Identität allein bestätigen kann"*, und dass sie versuchen müssen, sie gemeinsam mit allen Teilnehmern des Dialogs zu schaffen.

- Erziehung, Ausbildung und Information der Mitglieder über die Angelegenheiten der Genossenschaft, Ausweitung des menschlichen Dialogs, Einhaltung der Anforderungen, die die Redner bei kommunikativen Handlungen einhalten sollten, die in der Lage sind, durch argumentative Konstruktion die Schlussfolgerungen zu formulieren, denen jeder Einzelne frei und ohne Skrupel folgen kann.

Im Dialog hört man die begründete Meinung der anderen; jeder Sprecher teilt unter den Bedingungen der Freiheit und Gleichheit seine begründete Meinung mit, und es wird eine Übereinkunft zwischen allen Teilnehmern angestrebt, "in der die Voraussetzungen des auf gegenseitiges Verstehen gerichteten Handelns universalisiert, abstrahiert und von Schranken befreit werden und sich auf eine ideale Kommunikationsgemeinschaft erstrecken, die alle sprach- und handlungsfähigen Subjekte einschließt" (Habermas, 2018b; 21);

Die diskursive Praxis des kommunikativen Handelns wäre für C.E. eine echte Form der Kooperation, die die Teilnehmer würdigt, indem sie alle ihre kollektiven Anstrengungen und Opfer in den Dienst des Gemeinwohls stellt, was die intersubjektive Bedeutung liefert, dass eine Verhaltenserwartung für alle gleichermaßen gut ist.

Die diskursive C.E. stützt sich auf das von Habermas definierte Prinzip, dass "nur solche Normen Geltung beanspruchen dürfen, die die Zustimmung aller Betroffenen als Teilnehmer eines praktischen Diskurses finden können." (Habermas, 2018 b; 67). Die auf diese Weise geschaffene Universalität der ethischen Normen des geforderten Minimums, um die Würde aller zu respektieren, antwortet auf die Akzeptanz nicht nur der Mehrheiten, sondern auf die Duldung durch alle, die an der kommunikativen Handlung, die die Kooperative oder die Kooperativen ausmacht, beteiligt sind, und durch die anderen, die in gewissem Maße von ihr betroffen sind.

Die Bedingung der diskursiven Ethik, die Universalität ermöglicht, ist die Akzeptanz, das Einverständnis und die Kenntnis aller betroffenen Parteien, die durch die Einhaltung der Normen erreicht wird, die dem praktischen dialogischen Handeln eines jeden von ihnen auferlegt sind, mit anderen Worten: Toleranz, Gegenseitigkeit und Freiheit. (Santelices, 2019; 67)

Dieses argumentative, dialogische Handeln - inklusiv, integrierend und solidarisch - ist ein höheres Maß an demokratischer Praxis bei der Entscheidungsfindung in der Zusammenarbeit.

Denn wer ethisch urteilt, prüft nicht selbst, ob die umstrittene Handlungsweise der Kooperative dem universellen Gemeinwohl entspricht, das als ethische Orientierung von allen akzeptiert wird, sondern er kann dies argumentativ nur gemeinsam mit allen Betroffenen tun, die sich an der kommunikativen Handlung beteiligt haben; die Selbstentfremdung wird also kraft der kollektiv getroffenen Entscheidung praktiziert. Ethik ist kein Normenkodex, der die Moral von Handlungen oder Personen regelt und beurteilt.

Im kooperativen Handeln agieren wir immer durch unsere Beziehung zu anderen, wobei jeder einzelne ein Ziel darstellt, sowohl inhaltlich als auch formal, ein solidarisches Ziel, das jede einzelne Entscheidung und praktische Handlung beeinflusst.

Wenn C.E. diskursiv ist, beinhaltet sie die Achtung der Würde eines jeden und der Würde eines jeden gleichermaßen. Sie schützt die intersubjektiven Beziehungen der gegenseitigen Anerkennung mit dem Erfordernis der Solidarität unter den Mitgliedern der Gemeinschaft, wobei zu berücksichtigen ist, dass "alle sprach- und handlungsfähigen Subjekte" (Habermas, 2018 b; 77) einbezogen sind und die Grenzen aller Diskriminierungen überwinden.

Im diskursiven Prozess stimmen die gültigen Gesprächspartner in diesem argumentativen Dialog überein und beteiligen sich am Fortschritt der Genossenschaft mit der rationalen Überzeugung, dass sie bestimmte Entscheidungen und Handlungen der Orientierung unterwerfen sollten, die sie im

Rahmen ihrer Kultur spüren. Mit anderen Worten, das Konzept von C.E. ist erkennbar, wenn "die getroffenen Entscheidungen, Handlungen und Politiken sowie ihre Folgen und Auswirkungen in Bezug auf die Interessen, die im Spiel sind, von allen beteiligten Personen (...), gegenwärtig (...) und zukünftig, in einem offenen Dialog unter symmetrischen Bedingungen der Beteiligung akzeptiert werden können" (García-Marzá, 2004; 158).

In einem Dialog sind die Gesprächspartner bereit anzuerkennen, welche Ziele und Prinzipien in der Diskussion wirklich als universell angesehen werden sollten, auch wenn sie zeitlich und kulturell begrenzt sind, da sie zu den erforderlichen Mindestanforderungen gehören, die es durch rationale Argumentation ermöglichen, von allen Kooperativen aus ihren jeweiligen Perspektiven akzeptiert zu werden, was es ihnen ermöglicht, Berater für pragmatische bestimmte Entscheidungen und Aktionen zu sein. (Santelices, 2019; 68)

Die diskursive Ethik geht in ihrem Ursprung über die kantische Moral hinaus und strebt nach universellen Prinzipien, die durch das kommunikative Handeln der Gesellschaft, in unserem Fall der Genossenschaft und aller Betroffenen durch den beschriebenen argumentativen Dialog, erreicht werden, ohne die in der heteronomen Ethik festgelegte Begrenzung der Ethik, nämlich die Autonomie des Willens, zu akzeptieren: "Ich sollte nie mehr erreichen, als dass die Maxime meines Handelns allgemeines Gesetz wird." (Kant, 2015; 9). Für Kant sind das dialogische Handeln und die Wirkungen des Handelns keine entscheidenden Faktoren für die Universalität der Ethik; es ist das Gesetz an sich und nichts anderes, was das moralisch Gute ausmacht[2] (Kant, 2015; 8)

Damit dialogisches kommunikatives Handeln im Sinne der Universalität wirksam werden kann, müssen alle Betroffenen verschiedene Formen einhalten,

---

[2] "nichts anderes, als die Vorstellung des Gesetzes selbst (die freilich nur in einem vernünftigen Wesen zu finden ist) in Ansehung desselben, und nicht der erwarteten Wirkung, ist die entscheidende Grundlage des Willens, sie kann jenes vorzügliche Gut, das wir moralisches Gut nennen, ausmachen, das in der Person selbst, die nach jenem Gesetz handelt, schon vorhanden ist, und es ist nicht legitim, irgendeine Wirkung von der Handlung zu erwarten" (Kant, 2015; 8).

die es ihnen ermöglichen, als Sprecher unter gleichen Bedingungen und mit gegenseitigem Respekt ihre Interessen zu artikulieren und ihre Meinung zu vertreten. Eine reflexive Handlung jedes Teilnehmers und die spätere Abgabe eines Votums reicht allein nicht aus, "wirkliche Argumentation ist dort notwendig, wo die Betroffenen kooperativ mitwirken" (Habermas, 2018; 78); dies reduziert ethische Prinzipien auf das notwendige Minimum für die eigenen Interessen, denn nur bei einer reflexiven Zustimmung kann jeder spüren und wissen, dass er/sie kooperativ zu der gemeinsamen Überzeugung gelangt ist. Nur so kann er/sie wissen, dass seine/ihre Meinung vollständig in die vereinbarte Sache eingeflossen ist oder dass er/sie sie in der Vereinbarung aufgegeben hat, weil es ein besseres Argument für die vereinbarte Sache gibt.

Das Argument befasst sich mit teleologischen Fragen wie "Was will ich tun?" und "Was kann ich tun?" und versucht, den anderen zu zeigen, dass das angestrebte Ziel auch das allgemeine Ziel des Handelns der Teilnehmer ist, um sich auf die gemeinsame Art und Weise zu einigen, eine kollektive Entscheidung zu treffen, so dass alle Betroffenen davon überzeugt werden können, dass die vorgeschlagene Norm für alle gut ist. Eine Norm, die auf diese Weise in Kraft tritt, kann als "gerechtfertigt" bezeichnet werden, weil sie für alle gleichermaßen gut ist, da sie durch Argumente erreicht wurde. Die Güte der so zustande gekommenen Norm wird nicht vorausgesetzt; sie ist das Ergebnis des kommunikativen Prozesses aller Betroffenen.

Es ist notwendig, allen Betroffenen Autonomie bei der Bildung ihres Willens zu garantieren und sicherzustellen, dass sie die Möglichkeit haben, ihre Zustimmung ohne den Einfluss eines Sprechers zu geben, der anderen vorschlägt oder vorschreibt, was für sie gut ist, und die Einhaltung der Grundsätze der Beteiligung und der Machtgleichheit der Betroffenen in der kooperativen Assoziation zu gewährleisten.

Die Diskursethik hat die Regeln, die für die dialogische Partizipation gelten, ständig genauer und ausführlicher entwickelt und erläutert. Ich werde nur einige skizzieren, die sich auf die betroffenen Teilnehmer oder auf Merkmale oder Qualitäten der Formulierung von Argumenten beziehen. Die Regeln sind bedeutsam, weil sie dazu beitragen, die Ausübung der Prinzipien von Demokratie und Kontrolle in den täglichen Handlungen der kooperativen Praxis zu verbessern; sie tragen auch zum kommunikativen Handeln bei, wenn es darum geht, C.E. in der gegenwärtig sich wandelnden Komplexität unseres gesellschaftlichen und wirtschaftlichen Zusammenlebens zu formulieren oder zu aktualisieren:

"1.1 Kein Redner darf sich selbst widersprechen.

1.2 Jeder Sprecher, der das Prädikat F auf ein Objekt *a* anwendet, muss bereit sein, das Prädikat F auf jedes Objekt anzuwenden, das *a* in allen wichtigen Aspekten ähnlich ist.

1.3 Verschiedene Sprecher dürfen denselben Ausdruck nicht mit unterschiedlichen Bedeutungen verwenden".

"2.1 Jeder Redner darf nur bekräftigen, was er wirklich glaubt.

2.2 Wer eine Aussage oder Norm einführt, die nicht Gegenstand der Diskussion ist, sollte dies begründen."

"3.1 Jedes sprach- und handlungsfähige Subjekt kann sich an der Diskussion beteiligen".

3.2 a) Jeder kann jede Behauptung in Frage stellen.

b) Jeder kann jede Behauptung in den Diskurs einbringen.

c) Jeder kann seine Positionen, Wünsche und Bedürfnisse zum Ausdruck bringen.

(unter Bezugnahme auf die pragmatischen Voraussetzungen jeder Argumentation)

3.3 "Kein Redner darf daran gehindert werden, seine in 3.1 und 3.2 anerkannten Rechte durch koaktive Mittel zu nutzen, die von außerhalb oder innerhalb des Diskurses stammen", womit der universelle Zugang und das Recht auf Partizipation ohne Koaktionen garantiert werden. (Habermas, 2018; 98) Diskursive C.E. vereinbart auf diese Weise vertieft die Ausübung der Demokratie und macht es möglich, zu behaupten, dass es im Wesentlichen soziale Verantwortung ist.

6. Soziale Verantwortung

C.E. und bürgerliche Ethik haben eine radikale Verbindung zueinander, da sich bürgerliche und genossenschaftliche Aktivitäten überschneiden und die Identität der Parteien, die von der einen oder der anderen betroffen sind, immer schwächer wird, und die Grenze zwischen der bürgerlichen und der genossenschaftlichen Sphäre immer schwächer wird. Die ICA vereint mehr als 3.000.000 Genossenschaften mit mehr als 1.000.000.000 Mitgliedern in der ganzen Welt, wobei jede von ihnen durch ihre Handlungen und Entscheidungen in ein und derselben Gemeinschaft gleichzeitig die Rolle der betroffenen Bürger bzw. der ausführenden Mitglieder in beiden Bereichen spielt.[3] Ein *Genouhr* zeigt, dass Genossenschaften mit ihren verschiedenen Produkten ein integraler Bestandteil des täglichen Lebens sind.

Die Universalität der ethischen Grundsätze bezieht sich auch auf eine gleichmäßige Verteilung der Achtung der Würde aller Betroffenen. Die rationale Argumentation im diskursiven, dialogischen Handeln von Interessengruppen ermöglicht eine universelle Validierung der Prinzipien, die ihre Entscheidungen und Handlungen leiten, wobei die Originalität und Kultur der Genossenschaft respektiert wird.

---

[3] (https://www.genossenschaften.de) Genossenschaften in Deutschland 06.07.2021 Genossenschaften in Deutschland

Die genossenschaftliche Ethik muss in allen Bereichen der Genossenschaft praktiziert werden und auch außerhalb der Genossenschaft bekannt sein, damit sie gefordert wird und die soziale Verantwortung bei der Produktion von Gütern und Dienstleistungen, die ihr von der Gemeinschaft anvertraut werden, übernimmt. Verantwortung ist Teil des kooperativen Konzepts, das durch den kommunikativen Handlungsdialog mit allen betroffenen Akteuren einbezogen wird, um zu bestimmen, wie die Kooperative die Interessen aller befriedigt, denn "wir stehen nicht vor einer spezifischen Einheit, die nach den Entscheidungen einer Interessengruppe handelt, sondern vor einem Prozess, in dem Handlungen stattfinden und verschiedene Interessengruppen engagiert sind. (García-Marzá, 2004; 184). Die Genossenschaft strebt danach, dass die Ergebnisse ihres Handelns den Interessen ihrer Mitglieder zugute kommen, indem sie die Interessen aller betroffenen Interessengruppen in die Strategie ihrer Tätigkeit einbezieht.

Um den pragmatischen Postulaten bezüglich des Respekts vor der betroffenen Natur gerecht zu werden, sollte C.E. eine Orientierung bieten, damit die Moral der Handlungen und Entscheidungen in der sozialen Verantwortung alle Aspekte einschließt, die ihre Auswirkungen auf die Umwelt abschwächen, reduzieren oder beseitigen.

Im Hinblick auf die soziale Verantwortung ist es für die Datenverwaltung unerlässlich, die Standards für den Einsatz künstlicher Intelligenz und all ihrer Derivate zu berücksichtigen, und zwar sowohl im Hinblick auf die Verwaltung von Informationen über Privatpersonen, ihre Privatsphäre als auch auf den virtuellen Zugang zu ihrem Wissen und Gedächtnis durch robotische und virtuelle Medien im Allgemeinen.

C.E. der sozialen Verantwortung orientiert die Moral seines Geschäftsprozesses in allen Bereichen unter Berücksichtigung des freien und gleichberechtigten Zugangs zu geeigneten digitalen Ressourcen, um eine gleichberechtigte Beteiligung an den notwendigen Informationen, der Entscheidungsfindung, der genossenschaftlichen Bildung und der Wahl der

Vertreter ihrer Mitglieder, Direktoren, Wirtschaftsprüfer, Führungskräfte, Arbeitnehmer und aller Interessengruppen, die in ihrem Umfeld betroffen sind, zu gewährleisten, wobei die Gleichbehandlung von Männern und Frauen mit Geschlechterparität in allen Bereichen garantiert wird.

Ein Teil des diskursiven C.E. der sozialen Verantwortung beinhaltet die Ausrichtung der Definitionen, die in den Bereich der Neuroethik aufgenommen werden, so dass ihre Tätigkeit die zerebrale Privatsphäre ihrer Mitglieder und derjenigen, die mit ihr verbunden sind, schützt.

Die Genossenschaften nehmen ihre soziale Verantwortung in allen Bereichen wahr, in denen sie tätig sind, weil diejenigen, die in den verschiedenen Tätigkeitsbereichen mit ihnen verbunden sind, ihre Bedeutung als Instrument zur Erlangung größerer Würde für sich selbst und die anderen, die sie umgeben, verstehen.

"Die Verantwortung ihnen gegenüber könnte in der Formel zusammengefasst werden, die im Grünbuch der Europäischen Union vorgestellt wird: Die freiwillige Einbeziehung sozialer und ökologischer Belange durch die Unternehmen in ihre Geschäftstätigkeit und in ihre Beziehungen zu den Gesprächspartnern" (Cortina, 2004; 28).

Die diskursive C.E. bezieht die soziale Verantwortung radikal mit ein und hebt sie auf, wenn sie nicht rational und emotional auf die Interpellation der betroffenen Partei reagiert.

Erlauben Sie mir, auf die Aussage von Herrn Alejandro Romero, dem Vorstandsvorsitzenden eines spanischen transnationalen Unternehmens, zu verweisen, die er vor fünf Jahren in Santiago gemacht hat und die sich auf die allgemeine Tätigkeit von Unternehmen und nicht von Genossenschaften bezog:

"Kein Unternehmen wird überleben, wenn es nicht nachhaltig ist, und dies ist keine Aufforderung, sich um die Umwelt zu kümmern, sondern um den Verbraucher, der auch ein Bürger ist. Denn was definiert seinen Kauf, nicht nur weil das Produkt oder die Dienstleistung gut ist, sondern wegen der sozialen Auswirkungen, die es verursacht, wenn das Unternehmen seine Arbeiter gut bezahlt, wenn es Modelle für die Rückgewinnung von Rohstoffen hat, wenn es mit dem Staat zusammenarbeitet, wenn es Steuern zahlt, unter anderem." (Diario Financiero, 2016; 12)

K.O. Apel sagt, dass die diskursive Ethik als Verantwortungsethik nicht unvereinbar ist mit der Anwendung der Überzeugungsethik, die ebenso universalisierbar ist. Zwischen der Intoleranz der Gesinnungsethik und dem "anything goes" des Pragmatismus gibt es eine diskursive Ethik der sozialen Verantwortung, die es der Genossenschaft ermöglicht, ihre Legitimation zu betonen und den Sinn ihres eigenen Zwecks zu bestätigen.

In Anbetracht der Dynamik ihres Prozesses ist die Genossenschaft gezwungen, Entscheidungen zu treffen, um ihren Zweck zu erreichen, und zwar zu einem Zeitpunkt, an dem nicht alle zu berücksichtigenden Folgen in die Planung einbezogen werden können, bevor die genauen Umstände eingetreten sind. Die zu ergreifenden oder zu vermeidenden Maßnahmen können nicht von vornherein festgelegt werden, wenn der entsprechende Kontext nicht bekannt ist und die unterschiedlichen Interessen der verschiedenen beteiligten Gruppen - von den Mitgliedern über die Führungskräfte bis hin zu den Verbrauchern - berücksichtigt werden müssen, für die die Genossenschaft aufgrund der Auswirkungen der Folgen auf sie verantwortlich ist.

Eine zusätzliche Verantwortung besteht in den Verfahrensbedingungen, die dem Dialog zugrunde liegen, um die Gerechtigkeit der angenommenen Vereinbarung zu gewährleisten, denn es handelt sich um eine soziale Verantwortung, und die Verwirklichung ihrer Ziele muss den Interessen der internen Akteure, der Mitglieder, der Direktoren, der weiblichen und männlichen Mitarbeiter sowie den neuen, sich verändernden Anforderungen aller anderen, bereits erwähnten Gesprächspartner gerecht werden.

Das Eingehen auf die Gesellschaft ist ein Managementinstrument, ein Maß für Umsicht und eine Forderung nach Gerechtigkeit; es stellt die Verpflichtung der Genossenschaft dar, gemäß den Erwartungen der sie umgebenden Gemeinschaft zu handeln, was weder mit philanthropischem Handeln noch mit persönlicher Entscheidung gleichgesetzt werden kann.

Die solidarische Verantwortung ist *per se* ein wesentlicher Bestandteil von C.E.

"Ethik ist nicht nur individuell, sondern auch unternehmerisch und gemeinschaftlich" (Cortina, 2008; 81), denn die Erfüllung ihrer Funktionen erfordert die Übernahme von Verantwortung gegenüber den Mitgliedern der Gesellschaft in ihrem Umfeld, in dem nicht nur der Einzelne, sondern auch die Genossenschaft moralisch verantwortlich ist.

Die geografische und multinationale Ausweitung des Aktionsradius vieler Genossenschaften hat die solidarische Verantwortung jeder einzelnen von ihnen in die Pflicht genommen, weil sie berücksichtigen müssen, dass ihre ethischen Grundsätze von einer größeren Anzahl von Kriterien und Kulturen und deren internen Ebenen überprüft werden müssen, denen sie gerecht werden müssen. Es gibt eine neue Herausforderung, "so etwas wie eine Makroethik der solidarischen Verantwortung, der planetarischen Ausdehnung" (Apel, 2007; 67), die die Genossenschaften für die Auswirkungen der politischen, wirtschaftlichen und kulturellen Konsequenzen, die sich aus ihren Entscheidungen und Handlungen ergeben, übernehmen müssen.

Die soziale Verantwortung ist Teil der Unternehmensethik; sie hat ihren Ursprung nicht in der Ethik, zu deren Merkmalen es gehört, dass ihre Prinzipien die Verantwortung derjenigen übernehmen, die ihre Entscheidungen und Handlungen an ihren Prinzipien und Werten ausrichten. Die soziale Verantwortung der Unternehmen ist nicht die Folge ihrer Ethik, sie ist ihre Ethik selbst, denn die Gesellschaft verlangt von ihr, dass sie auf jeden einzelnen Betroffenen eingeht.

So wie die Ethik darauf ausgerichtet ist, die Bedingungen zu definieren, die ihre Legitimität ermöglichen, und von daher die Kriterien der moralischen Gültigkeit festlegt, "definiert die soziale Verantwortung der Unternehmen die Gesamtheit der Handlungen, Entscheidungen und Politiken, die die Antwort des Unternehmens (der Genossenschaft) auf die Forderungen und Anforderungen seiner jeweiligen Interessengruppen darstellen" (García-Marzá, 2004; 187). Da das Unternehmen Verpflichtungen gegenüber der Gesellschaft in seinem Umfeld übernommen hat und auf die eine oder andere Weise handelt, muss es auf die Einhaltung dieser Verpflichtungen reagieren, und reagieren zu müssen bedeutet, für etwas verantwortlich zu sein.

Die Genossenschaft hat eine soziale Verantwortung, wenn man sie als soziales, rechtliches, wirtschaftliches, kommerzielles, arbeitstechnisches, ökologisches, neuroethisches usw. Phänomen betrachtet. Der Bereich dieser Studie ist das Phänomen der sozialen oder solidarischen Verantwortung, denn derjenige, der der Genossenschaft einen Sinn gibt, mit seiner Forderung zu antworten, ist der andere, derjenige, der ihr gegenübersteht, es ist der Mann oder die Frau, deren Würde der letzte Zweck der Genossenschaft ist, der sich in ihrer Ethik widerspiegelt, der darauf vertraut, dass ihr Handeln von Gerechtigkeit, Klugheit und Billigkeit bestimmt ist. (Santelices, 2019; 88)

In dieser Arbeit habe ich daran gedacht, dass die erste soziale Verantwortung, ein wesentlicher Teil von C.E., der immer in die diskursiven Überlegungen des kommunikativen Handelns in allen Gesellschaften, in denen die Aktivität genossenschaftlich entwickelt wird, eingefügt wird, die dringende Einbeziehung der Würde derjenigen ist, die unter den Auswirkungen der Armut leiden, die in ihren vielfältigen Dimensionen Opfer der Aporophobie sind, der Ablehnung derjenigen, die sie sehen, ohne selbst unter ihr zu leiden. Jede Genossenschaft sollte sich fragen, ob die Würde aller Armen in ihrem Umfeld dem entspricht, was sie für sich selbst will, ob sie die Armen in jeder ihrer Aktionen so umarmt, wie sie selbst umarmt werden möchte, wenn sie arm wäre.

C.E. hat derzeit eine unbezahlte Schuld in Bezug auf die Ungleichheit zwischen den Geschlechtern, die Teil der Antwort ist, die die Gesellschaft erwartet und die sich in der Orientierung der Mitglieder jeder Genossenschaft widerspiegelt.

Von wenigen Ausnahmen abgesehen, ist die Ungleichbehandlung von Frauen in unserem Tätigkeitsbereich nicht nur in armen Entwicklungsländern zu beobachten. Die Beteiligung von Frauen in Vorständen, Verwaltungs- oder Aufsichtsräten, in Geschäftsführungs- und Führungspositionen, unter Fach- und Führungskräften im Allgemeinen ist nicht nur geringer als die von Männern, sondern Frauen werden auch bei ihren Gehältern, Entscheidungsbefugnissen und vertraglichen Arbeitsbedingungen diskriminiert.

Um den gleichen Standard aller Mitglieder in allen Bereichen zu erreichen, ist es notwendig, unverzüglich radikale und endgültige Änderungen vorzunehmen, die auf der Anwendung der gleichen genossenschaftlichen Prinzipien beruhen, zu denen wir uns alle bekennen. Beide Themen gehören zu den erforderlichen Mindestanforderungen bei der Formulierung des diskursiven C.E. der sozialen Verantwortung.

Referenzen

Apel, K.O. (2007) *La globalización y una ética de la responsabilidad.* Buenos Aires: Prometeo.

Aristóteles (2007).*Ética a Nicómaco.* Introducción, traducción y notas de José Luis Calvo Martínez. Madrid: Alianza Editorial.

Boeri, M. (2007). *Apariencia y realidad en el pensamiento griego.* Buenos Aires: Ediciones Colihue.

Conill Sancho, J. (2010). *Ética hermenéutica.* Madrid: Editorial Tecnos.

Cortina, A. (2003). *Construir confianza.* Madrid, Trotta.

(2004). *La responsabilidad social de la empresa y la ética empresarial.* Verfügbar unter: rlillo.educ-salud (Abfragezeitpunkt: 21.12.2015)

(2007). *Ethica cordis. Isegoria. Revista de filosofía moral y política, 37, 113-126.*

(2008). *Ética de la empresa.* Madrid, Trotta.

(2010). *Ética mínima.* Madrid, Tecnos.

(2011). *El quehacer público de las éticas aplicadas. Revista latinoamericana de bioética, 42, 173-185.*

(2017). *Aporofobia, el rechazo al pobre.* Buenos Aires, Paidos.

(2017). *¿Para qué SIRVE realmente? La ética.* Barcelona, Paidos.

(2018). *Neuroética y neuropolítica. Sugenrencias para la educación moral.* Madrid, Tecnos

García-Marzá, D. (2003). Vertrauen und Macht: die moralische Verantwortung der Kommunikationsunternehmen. En A. Cortina y A. Sen, *Construir confianza, ética de la empresa en la sociedad de la información y las comunicaciones.* Madrid: Trotta.

--- (2004). *Ética empresarial del diálogo a la confianza.* Madrid: Trotta.

--- (2007). Responsabilidad social de la empresa: una aproximación desde la ética empresarial. *Veritas, II, 17, 183-204.*

Habermas, J. (2003). *Acción Comunicativa y razón sin transcendencia.* Buenos Aires, Paidos.

(2005). *Ciencia y técnica como ideología.* Madrid, Tecnos.

(2018). *Conciencia moral y acción comunicativa.* Frankfurt, Editorial Trotta.

(2018 b). *Aclaraciones a la ética del discurso.* Frankfurt, Editorial Trotta.

Höffe, O. (2012) *Ciudadano económico, ciudadano del estado, ciudadano del mundo.*

Ética política en la era de la globalización. Buenos Aires: Katz Editores. ISBN

978-84-15917-96-0

Kant, I. (2015) *Fundamentación de la metafísica de las costumbres.* Digitalizado por http://www. .librodot.com.

Moreno, L. (2017) *Del diagnóstico compartido a los acminos de solución.*Santiago, Revista Mensaje N°663, octubre 2017

Ricoeur, P. (2006). *Sí mismo como otro.* México, Siglo XXI.

(2009). *Ética y cultura.* Buenos Aires, Prometeo Libros

Santelices, R. (2019). *Ética discursiva de responsabilidad social de la empresa.* Santiago de Chile, RIL editores.

(2019 b). *Los frutos de la permanencia. Una cooperativa de vivienda en un mercado neoliberal.* Santiago de Chile, RIL editores.

Taylor, C. (2001). *Multiculturalismo y las políticas del reconocimiento.* México: Fondo de Cultura Económica.

Velasco, E. (2015) *La perspectiva de género en las iniciativas de responsabilidad social. Responsabilidad social de género.* Madrid: Instituto de la mujer para la igualdad de oportunidades

https://www.ica.coop/en/cooperatives/cooperative-identity,(capturada 06.2021)

https://www.genossenschaften.de Genossenschaften in Deutschland,(capturada 06.07.2021)

PRENSA

Diario Financiero (2016). Chile está en una revolución de integridad. Santiago, 8 de marzo, página 12.